Inhaltsverzeichnis

Zur Einführung

„Mit jenem Lebenszusammenhang, in dem Auschwitz möglich war, ist unser eigenes Leben nicht etwa durch kontingente Umstände, sondern innerlich verknüpft.
Unsere Lebensform ist mit der Lebensform unserer Eltern und Großeltern verbunden durch ein schwer entwirrbares Geflecht von familiären, örtlichen, politischen, auch intellektuellen Überlieferungen – durch ein geschichtliches Milieu also, das uns erst zu dem gemacht hat, was und wer wir heute sind." (Jürgen Habermas: „Eine Art Schadensabwicklung", Frankfurt/M. 1987, S. 140)

Die gewalttätigen Ausschreitungen der Jahre 1992 und 1993 – gegen Ausländer, gegen Behinderte, gegen Opfer des Dritten Reichs, in besonderer Weise gegen jüdische Menschen – haben drastisch vor Augen geführt, wie vergeblich die Hoffnung gewesen ist, endlich einen Schlußstrich unter die Vergangenheit ziehen zu können. Die „Gnade der späten Geburt", die Helmut Kohl 1987 beschwor, um die Nachkriegsgesellschaft von der Verantwortung für die Taten der vorhergehenden Generation freizusprechen, blieb Illusion. Die Verflechtungen erweisen sich als enger, als viele erwartet hatten; eine demokratische Erziehung der letzten Jahrzehnte hat offensichtlich nicht genügt, um faschistisches Gedankengut auszulöschen: bei jeder wirtschaftlichen oder politischen Krise zeigt es sich stark genug, um Vorurteile und Schuldzuweisungen nach altem Muster auferstehen zu lassen.
Ein tauglicher Umgang mit diesem Erbe kann nur die aktive Auseinandersetzung mit der Geschichte Deutschlands sein, nicht das Vertrauen auf eine wachsende „Normalisierung" im Fortschreiten der Zeit. Daß diese Aufgabe nicht nur den Erben der Täter gestellt ist, sondern in gleicher Weise die Opfer trifft, läßt Jurek Becker den jüdischen Ich-Erzähler in „Bronsteins Kinder" langsam und schmerzhaft erkennen – ein Prozeß, der deutlicher noch in dem ursprünglichen Titel des Romans „Wie ich ein Deutscher wurde" zum Ausdruck kommt. Befremdlich und nahe zugleich erscheint daher das Geschehen in Jurek Beckers Roman dem Leser der neunziger Jahre; an Aktualität hat es nach der Vereinigung Deutschlands eigentlich erst gewonnen.

Der inhaltliche Aufbau

Der 19jährige Jude Hans Bronstein, Jurek Beckers Ich-Erzähler, schildert in seinen Erinnerungen die Vorgänge, die zum Tode seines Vaters geführt haben.

Der Roman spielt in der Hauptstadt der DDR, in Ostberlin; die Zeit- und Handlungsebenen wechseln zwischen Erzähler-Vergangenheit – dem Sommer 1973, in dem der Vater stirbt – und Erzähler-Gegenwart – dem Sommer 1974, kurz vor Ende des Trauerjahres – in einem relativ gleichmäßigen Rhythmus. Um diesen Ablauf zu verdeutlichen, ist auf den folgenden Seiten die gegenwärtige Handlung mit römischen, die vergangene mit arabischen Ziffern gekennzeichnet. Im Roman wird der Wechsel der Zeitebene stets durch einen Tempuswechsel akzentuiert: für die erzählte Vergangenheit wird das Präteritum gewählt, die gegenwärtige Handlung steht im Präsens.

I. Rückblende 1974 (S. 7–15)

Jurek Beckers Roman beginnt mit einem Rückblick: Hans Bronstein, ein Abiturient der kurz vor dem Beginn seines Philosophiestudiums steht, berichtet über den Tod seines Vaters am 4. August 1973, die Beerdigung und den anschließenden Umzug in die Wohnung der Eltern seiner Freundin Martha. Aus dem Abstand eines Jahres schildert Hans die entscheidenden Ereignisse mit spürbarer Distanz und zeigt damit, wie sehr er in der Gegenwart in Isolation geraten ist, nicht zuletzt deshalb, weil er mit niemandem über die Vorfälle reden kann. Das erste Kapitel erhält so eine Sonderstellung im Roman: Der Erzähler blendet von seiner aktuellen Verfassung in die Vergangenheit über; abwechselnd schildert er in den ersten neun Abschnitten die Entwicklung nach der Beerdigung des Vaters und seine gegenwärtige Situation. Erst danach geht Hans dazu über, wie in einem Genre-bild die Lebensverhältnisse in der Wohnung der Familie Lepschitz zu beschreiben. Die Gefühle seinem Vater gegenüber versteckt Hans hinter provozierender Gleichgültigkeit. Der sarkastische Unterton, der seinem ersten Satz unterlegt ist – „Vor einem Jahr kam mein Vater auf die denkbar schwerste Weise zu Schaden, er starb." (S. 7) –, läßt noch die innere Verletztheit spüren. Unterschwellig zeigt die bemühte Gefühllosigkeit, wie sehr Hans vom Tod des Vaters erschüttert und noch immer mit den Vorgängen, die dazu geführt haben, nicht fertig geworden ist. Der Versuch, sein Leben rational in Griff zu bekommen und Gefühle abzudrängen, wird mit großem Pathos vorgetragen: „Wenn man mich vor den goldenen Thron riefe und nach dem einen großen Wunsch fragte, brauchte ich nicht lange zu überlegen: Gebt mir das steinerne Herz." (S. 7) Dahinter verbirgt sich jedoch die Einsamkeit und Kommunikationsunfähigkeit des Jungen.

Das Leben bei Hugo und Rahel Lepschitz, den jüdischen Eltern seiner Freundin Martha, ist zunehmend problematisch geworden: Die Liebe zu Martha ist im Laufe des Jahres erkaltet, alle übrigen Kontakte sind bedeutungslos. Hans sieht sich mit einer Situation konfrontiert, in der er den Eltern gegenüber zu Dank verpflichtet ist, obwohl er sich von ihnen ständig bedrängt fühlt. In diesem Zwiespalt wird er zum mitleidlosen Beobachter des kleinbürgerlichen Familienlebens, das geprägt ist durch Fernsehkonsum und Kommunikationslosigkeit.

Eine trostlose Situation als Ausgang des Erzählens

Seine früheren Zielvorstellungen sind allgemeiner Ratlosigkeit gewichen. Allein das geplante Studium bietet Hans eine Perspektive. Er sieht darin auch die Möglichkeit, diesem Milieu zu entfliehen, wenn er erst ein eigenes Quartier finden kann. In seinem gegenwärtigen Zimmer holt ihn die Vergangenheit stets ein: es ist vollgestellt mit Möbeln aus der elterlichen Wohnung, deren Fülle ihn nun erdrückt und unfähig werden läßt, eigene Entscheidungen zu treffen.

Ein Gefühl von Einsamkeit überfällt ihn: die Mutter ist „seit Ewigkeiten tot" (S. 14), der Vater vor einem Jahr gestorben, die Schwester lebt seit Jahren in einer Anstalt; er selbst wohnt in einer Umgebung, die ihm zunehmend unangenehmer wird. So läßt er das Geschehen des vergangenen Jahres Revue passieren. Seine Erinnerungen sollen dazu beitragen, die Vergangenheit zu verarbeiten, um sich von den Konflikten zu befreien und nicht in die Bahnen alter Denk- und Verhaltensweisen zurückzufallen. Daher schließt auch das Eingangskapitel mit der kryptischen Bemerkung: „Der Mensch ist doch kein Flußbett." (S. 15)

1. Die Entdeckung des Verhörs (S. 16–30)

Folter im Waldhaus

Kurz vor dem Abitur, im Sommer 1973, fährt Hans mit der S-Bahn zum Sommerhaus, um sich dort mit seiner Freundin Martha zu treffen. Das Treffen findet heimlich statt. Ohne Wissen des Vaters hat Hans sich einen Nachschlüssel zum Häuschen verschafft. Es liegt weit außerhalb des Zentrums in einem Waldgebiet und gehört der Familie seit der Nachkriegszeit. Das Vorhaben ist jedoch zum Scheitern verurteilt: der Wagen von Gordon Kwart, einem Freund des Vaters, steht davor. Zuerst denkt Hans an ein Liebesabenteuer von Kwart, trifft jedoch, als er ins Haus geht, auf vier Männer: seinen Vater, Kwart und Rotstein – beides Leidensgefährten von Arno Bronstein aus der Zeit der KZ-Haft – und einen vierten Mann, der mit Handschellen und einem Ledergürtel an ein Eisenbett gefesselt ist. Er wird von den dreien verhört. Kwart entdeckt Hans und konfrontiert ihn mit dem Vater. Sohn und Vater stehen mit unterdrückter Aggressivität einander gegenüber, eine Situation, die auch durch eine kurze Umarmung nicht durchbrochen wird.

Konfrontation mit der Gewalt

Der Gefangene setzt seine Hoffnung auf den Neuankömmling, und Hans erlebt seinen Vater in einer völlig neuen Rolle: der „Logikfanatiker", dessen Motto „ein kühler Verstand sei nützlicher als ein heißes Herz" als Erziehungsmaxime auch auf den Sohn übergehen sollte, schlägt das Opfer und nützt seine physische Überlegenheit zynisch aus. Die Legitimation seines Verhaltens läßt er den Gefangenen formulieren: der war Aufseher im KZ Neuengamme und soll zu einem Geständnis gezwungen werden. Hans stört bei diesem Vorhaben, und er muß sich für seine Anwesenheit rechtfertigen. Er beginnt dabei, sich in ein Netz von Lügen zu verstricken, das ihn im Laufe der Zeit immer enger einbinden und eigene Entscheidungen erschweren wird. Er behauptet, keinen eigenen Schlüssel zum Haus zu besitzen, die Tür sei angelehnt gewesen. Mit dieser Lüge versucht Hans, seine Freundin Martha zu schützen, die jeden Augenblick eintreffen kann und vor der Entdeckung der neuen Situation bewahrt werden soll. Er verläßt das Haus, trifft sie an der S-Bahnstation und hofft, unter freiem Himmel mit ihr die Nacht zu verbringen, auch um die Gedanken an die Foltersituation verdrängen zu können. Aus eigennützigen Gründen glaubt er, sie belügen zu müssen – eine so unglaubliche Nachricht würde jede Möglichkeit, mit ihr zu schlafen, aussichtslos erscheinen lassen. Alle planvollen Überlegungen führen jedoch zu nichts, denn Martha ahnt, daß Hans ihr etwas vorenthält. Statt in den Wald gehen beide zu einem harmlosen Kinobesuch.

2. „Neuengamme" (S. 31–35)

Am folgenden Morgen findet die vorletzte der Abiturprüfungen statt, eine Schwimmprüfung, deren Bestehen Hans für eine gute Sportnote braucht. In Gedanken ist er jedoch mit dem Erlebnis im Waldhaus beschäftigt, das er nicht mit dem Bild in Übereinstimmung bringen kann, das er von Kwart – einem „gutmütige(n), langweilige(n) Mensch(en), zehnter oder zwanzigster Geiger im Rundfunk-Symphonieorchester, der sich vor allem Unvorhergesehenen fürchtete und Ruhe für Glück hielt" (S. 31) – hat; auch den Vater hält er für unfähig, Gewalt anzuwenden. Am Abend nach der Entdeckung liest er in einem Lexikon unter dem Stichwort „Neuengamme" nach und versucht Zahlen,

Reserviertes Vater-Sohn-Verhältnis

Daten und geographische Angaben auswendig zu lernen.

Einem Gespräch mit dem Vater weicht Hans jedoch aus: als Arno Bronstein nach Hause kommt, stellt er sich schlafend. Er versucht, sich seiner Nähe zu entziehen, auch wenn er spürt, daß der Vater das Bedürfnis hat, auf ihn zuzugehen: „Als er wieder draußen war und in sein Zimmer ging, glaubte ich, daß er sich gerne zu mir gesetzt hätte." (S. 34) Wichtiger als das Geschehen im Waldhaus erscheint ihm die bevorstehende Schwimmprüfung: sie zu meistern, setzt Hans sich als erste Aufgabe, danach erst könne er „in Ruhe" (S. 35) die Auseinandersetzung mit dem Vater in Angriff nehmen – seine Überlegungen werfen ein deutliches Schlaglicht auf die geringe Betroffenheit, die durch die Folterszene in ihm ausgelöst wird.

Hans will in einem rationalen Zugriff das Leid und den Haß des Vaters verstehen. Er sieht sich als objektiven Beobachter, der, die Argumente abwägend, zu einem neutralen Urteil gelangen will. Wie ein Verteidiger sucht er nach einem „mildernde(n) Umstand", um sich den scheinbar unmotivierten Gewaltausbruch erklären zu können. Ihm fehlt jedoch die Fähigkeit, Mitgefühl für den Vater zu empfinden. Daher bleibt am Ende lediglich die provozierende Fragestellung: „Darf einer, der mit dreißig Jahren geschlagen wird, mit sechzig zurückschlagen?" (S. 33)

II. Ein Brief von Elle (S. 36–39)

Hans wartet auf den Zulassungsbescheid der Universität, seinen Schlüssel für die Eigenständigkeit. Er findet jeoch einen Brief seiner Schwester Elle an Martha und stößt so auf Kontakte, von denen er bislang nichts wußte. Elle muß wegen ihres Verhaltens in einer geschlossenen Anstalt leben. Sie reagiert aggressiv auf Menschen, denen sie zufällig begegnet: „ohne erkennbaren Grund stürzte sie sich immer wieder auf wildfremde Leute, schlug sie, zerkratzte ihnen das Gesicht und griff mit den Fingern nach ihren Augen." (S. 37) Das Verhältnis

Familienbeziehungen: Arno – Elle – Hans

zwischen den Geschwistern ist, so wie Hans es schildert, ausgesprochen freundschaftlich. Mit 12 Jahren hat er sie zum ersten Mal getroffen und auch zu diesem Zeitpunkt erst von ihrer Existenz erfahren. Der Altersunterschied ist groß: Elle ist 19 Jahre älter als er. Unter der Hand wird aber auch Rivalität deutlich; so führt Hans das gestörte Verhältnis zum Vater auf die Probleme der Schwester zurück, die, so seine Vermutung, „seine ganze Vaterliebe aufgebraucht haben" (S. 37).

3. Die Schwimmprüfung (S. 40–49)

Von Gewalt infiziert?

Ohne jedes Problem absolviert Hans den Schwimmtest; innerlich ist er aber erfüllt von der Situation des Vortages. Die innere Anspannung führt ihn in einer banalen Situation dazu, selbst aggressiv zu reagieren: von einem Mitschüler wird er beim Duschen mehrfach aufgefordert, seine Badehose auszuziehen. Hans' Antwort besteht darin, ihm brutal auf die Nase zu schlagen; der Junge reagiert mit den Worten „Der ist ja verrückt." (S. 43) Die Lehrer versuchen, eine Erklärung für den Vorfall zu finden: Hans müsse es als Jude schwer gefallen sein, seine Badehose auszuziehen: sein beschnittener Penis könnte Aufmerksamkeit erregen und ihn diskriminieren.

Ablehnung einer jüdischen Sonderrolle

In einem inneren Monolog des Erzählers, der das Kapitel beendet, wird jedoch deutlich, daß es keine versteckte „jüdische" Motivation gibt: Hans ist nicht beschnitten, seine Aversion gegen den Mitschüler rührte von dessen pedantischem Tonfall. Hans sperrt sich dagegen, Jude zu sein und damit eine Sonderstellung einzunehmen. So wurde er von seinem Vater erzogen, dessen Ansicht er hier knapp zusammenfaßt: „Es gebe überhaupt keine Juden, Juden seien eine Erfindung" (S. 48) – eine Erfindung derer, die sich traditionell als Opfer verstehen und auf dieses Etikett bestehen. Unter der Hand wird aber deutlich, daß sein Selbstverständnis aufbricht. Durch das Erlebnis im Waldhaus wird er, ohne daß es ihm selbst bewußt wird, dazu gezwungen, sich mit der jüdischen Vergangenheit auseinanderzusetzen. Erkennbar wird der Wandel, wenn er versucht, die Motive für seine Aggressivität gegen den Mitschüler zu ergründen. Er beschreibt ihn als einen „Schuldige(n)", einen „von denen, die gern peinigen und nur dann Ruhe geben, wenn sie an einen Stärkeren geraten" (S. 42). Irritiert wird Hans auch durch den „aufseherhaften Blick" (S. 43) des Jungen, mit dem er sein Verhalten dem Lehrer gegenüber zu legitimieren versucht.

III. Die Zulassung zum Philosophiestudium (S. 50–56)

Positive Diskriminierung als Opfer des Faschismus

Die erste Hürde ist genommen, Hans hat die Zulassung zum Studium in Berlin erhalten. Im Gespräch mit Rahel und Hugo Lepschitz wehrt er sich gegen Bevorzugungen aller Art; das Thema der vorhergehenden Seiten wird damit erneut aufgegriffen. Er will als Sohn eines ehemaligen jüdischen Häftlings keinen Sonderstatus akzeptieren. Wie sein Vater verabscheut er die Mentalität der Opfer, auch wenn sie unter den veränderten Verhältnissen des DDR-Staates zu „Opfern des Faschismus" stilisiert werden und Privilegien erhalten. Hans' Versuch, die jüdische Tradition abzustreifen, kollidiert aber mit dem Wunsch, selbständig zu werden: so hat er, gegen die eigene Überzeugung, in das Antragsformular für das Studium in die entsprechende Rubrik „Opfer des Faschismus" eingetragen. Ein politisches Ereignis steht am Schluß des Kapitels: Willy Brandts Rücktritt als Bundeskanzler am 7. Mai 1974 löst Schrecken aus, steht er doch für das Ende der Tauwetter-Periode zwischen Ost und West.

4. Besuch bei der Schwester (S. 57–68)

Hans entschließt sich, nach der Schwimmprüfung, Elle aufzusuchen, um von ihr Rat zu erhalten und auch, um erneut der Begegnung mit dem Vater auszuweichen. Die Schwester erscheint ihm klarsichtig wie kein anderer Mensch, sie läßt sich nichts vormachen und redet „so klug, daß man sich fragte,

warum nicht alle anderen in der Anstalt sitzen,
warum ausgerechnet sie" (S. 57). Hans wird aber
damit konfrontiert, daß sie einen erneuten Aggres-
sionsausbruch hatte, eine Patientin angegriffen
und den Arzt verletzt hat. Sie ist mit einem Medikament ruhiggestellt worden und nun unfähig, ein
längeres Gespräch zu führen. Erst nachdem beide
ausgeruht sind, können sie sich unterhalten. Hans
schildert sein Erlebnis im Waldhaus. Selbst seiner
Schwester gegenüber greift Hans zu einer Lüge:
zwar berichtet er ihr von seinem Nachschlüssel,
von den heimlichen Treffs mit Martha, er verheim-
licht aber, daß er vom Vater und seinen Freunden
entdeckt wurde. Er will damit verhindern, daß Elle
in eine schwierige Situation zwischen Vater und
Bruder gerät. Mit ihrer Antwort läßt sie sich Zeit;
sie fällt für Hans enttäuschend aus. Mit der Teil-
wahrheit, die sie von ihm erhalten hat, kommt sie
zu dem Schluß, daß zunächst der Vater informiert
werden müsse. Hans ist enttäuscht, fühlt sich von
Elle im Stich gelassen, weil sie versäumt hat, für
ihn und gegen den Vater Partei zu ergreifen. Er
scheint nicht zu erkennen, daß er selbst verantwortlich für ihren Ratschlag ist. Hans führt ihn
vielmehr zurück auf die Abgeschiedenheit Elles
von der Außenwelt und urteilt damit notwendiger-
weise ungerecht: „Was wußte sie schon von draußen? Sie lebte außerhalb der Zeit, in einer Umgebung, die nur durch Bücher, durch mich und Vater
und durch das Radio mit der Außenwelt verbunden
war, nur durch Worte." (S. 68)

5. Auseinandersetzung mit dem Vater
(S. 69–82)

Als Hans abends nach Hause kommt, nimmt Arno
Bronstein, anders als es Hans erwartet hatte, ent-
schlossen die Konfrontation mit seinem Sohn auf.
Zunächst weicht er auf einen Nebenkriegsschau-
platz aus: er ist mit der Haushaltsführung seines
Sohnes nicht einverstanden, wozu er auch allen
Grund hat: Hans zweigt immer wieder Geld für
eigene Bedürfnisse ab. Erst nach diesem Vorwurf,

der den Sohn in die Verteidigung für seine Lügen
zwingt, kommt er zum eigentlichen Thema, der Begegnung im Waldhaus. Ein Gespräch zwischen dem
Opfer von einst, dem Täter von jetzt, und seinem
Sohn findet nicht statt, es geht lediglich um die Zu-
teilung von Schuld und Verantwortung. Hans setzt
sich durch seine Lügen selbst ins Unrecht. Er erkennt, wie „kindisch" (S. 72) sein Beharren auf
einem vorgeblich zufälligen Zusammentreffen im
Waldhaus klingt; der Vater hat ihn vermutlich
längst durchschaut und zwingt ihn nun in eine un-
terlegene Position. Arno Bronstein sieht in seinem
Sohn einen latenten Feind, der ihn nicht verstehen
will. Kampfpositionen und Strategien sind in dieser Auseinandersetzung von Bedeutung: „Wenn ich
nicht bald zu einem Gegenschlag ausholte, war ich
verloren, es ging ja nur noch darum, sich zu behaupten." (S. 72) Sie ist gekennzeichnet durch
„blanke Wut" (S. 73) des Vaters und die beharr-
lichen Lügen des Sohnes über den Nachschlüssel.

Die Konfrontation wird abends in einer Kneipe
fortgeführt, in der Arno sich häufig zum Billard-
spiel aufhält. Auf neutralem Boden fällt es offensichtlich leichter, ins Gespräch zu kommen, und
auf dem Weg nach Hause kann Hans seinen Vater
zu den Motiven seines Verhaltens befragen. Arno
Bronstein hält, im Gegensatz zu seinem Sohn, die
Justiz in der DDR nicht für zuständig. Zwar weiß
er genauso wie Hans, daß die Gerichte nicht zögern
würden, den KZ-Aufseher zu bestrafen, wenn er
angezeigt würde, aber ihm genügt die offizielle
„Bewältigung" der Vergangenheit nicht. Die Behörden der DDR gehen konsequent gegen Faschisten vor, aber „einzig deshalb, weil zufällig die eine
Besatzungsmacht das Land erobert habe und nicht
die andere". Die Nazi-Opfer seien sich einig darin,
„in einem minderwertigen Land zu leben, umgeben
von würdelosen Menschen, die ein besseres nicht
verdienten" (S. 80). Dieser radikalen Abwertung
der antifaschistischen Politik in der DDR – einem
der Stützpfeiler im ideologischen Selbstverständnis des real existierenden Sozialismus – hat Hans
nichts entgegenzusetzen: „Nie wieder wollte ich so

blind in eine Diskussion mit Vater hineintaumeln, ohne Argument, ohne Aussicht auf Erfolg." (S. 82)

IV. Ein Abend bei Lepschitz (S. 83–90)

Hans' jetziger Alltag ist von Lethargie geprägt; er kann sich zu keiner Aktion aufraffen, die über das Notwendigste hinausgehen würde. Eine Auslandsreise zum Beispiel, die ihm erlauben könnte, die Auffassung seines Vaters über die Deutschen zu überprüfen, wäre in seiner jetzigen Situation eine Überforderung. Ihn beschäftigt in diesem Trauerjahr die Frage, ob er das Leben seines Vaters hätte retten können, wenn er sich ihm ernsthaft genug in den Weg gestellt hätte. Aber er macht sich nichts vor: er sieht sich als Opportunisten, weder vom Vater noch von der Gesellschaft zum Widerspruch erzogen: „Kein Mensch hatte mich gelehrt, Widerstand zu leisten, niemand hatte mir gezeigt, wie man das macht, was man für richtig hält." (S. 85) Die unterkühlte Beziehung zum Vater führt Hans in einem Rückblick auf die schwierigen Verhältnisse nach dem Tod der Mutter zurück: allein auf sich gestellt, habe Arno sich zunächst „verbissen" um das Kind gekümmert, das er nur in seltenen Fällen bei einer Nachbarin „deponieren" konnte (S. 86). Seine Worte lassen die Verletztheit erkennen, mit der Hans dem Verhältnis zum Vater nachspürt. Mit der zunehmenden Selbständigkeit des Sohnes zieht Arno sich von seiner Erziehungsfunktion zurück, für Hans ein Zeichen mangelnden Interesses. Der Vater habe ihm keine Leitbilder vermittelt, ihn weder zu opportunistischem Verhalten noch zu Widerstand ermuntert. Daher fehlt ihm auch jetzt die Kraft, sich gegen das Ehepaar Lepschitz zur Wehr zu setzen, die in ihm den künftigen jüdischen Schwiegersohn sehen. Dabei ist längst allen klar, daß Martha einen anderen Freund hat.

Opportunismus als Ergebnis der väterlichen Erziehung

6. Die Unterredung mit Heppner
(S. 91–106)

Opfer und Täter

Die schriftliche Abiturprüfung endet mit einer Biologiearbeit, die Hans über das Thema „Die Zelle als Überträger der Erbanlagen" schreibt, ein Gebiet, in dem er sich auszukennen glaubt – ironischerweise jedoch nur theoretisch: im praktischen Alltagsbezug wehrt er sich gegen die Übertragung seiner jüdischen Identität durch die Generationen. Direkt nach Abschluß der Prüfung fährt er ins Waldhaus, um mit dem Gefangenen zu sprechen. Er wird von einem vagen Gefühl der Verantwortlichkeit zu diesem Schritt getrieben – und von dem Wunsch, den Aufseher so schnell wie möglich loszuwerden, um das Häuschen wieder für Martha und sich zur Verfügung zu haben. Hier wird die Situation zwischen jüdischen Opfern und deutschen Tätern in ihr krasses Gegenteil verkehrt: in devotem Ton bittet der alte KZ-Aufseher, Arnold Heppner, Hans um seine Freilassung. Als er auch noch davon berichtet, wie sehr er unter den Folgen der Naziherrschaft leide – „wie oft er nächtelang wachlag, weil die Erinnerung an das Lager ihn nicht schlafen ließ" (S. 103) –, wird er Hans unerträglich. Er fesselt ihn „mit aller Kraft" (S. 103) wieder ans Bett. Heppner greift in seiner Verzweiflung auch zu einem Bestechungsversuch, denn er sieht sein Leben in Gefahr – wie sonst sollte die Folterung beendet werden können? Hans jedoch bleibt unbeeindruckt: „Später wunderte es mich, wie ungerührt ich blieb, als er um sein Leben kämpfte." (S. 106) Spürbar wird jedoch, wie hilflos er dieser Situation gegenübersteht.

7. Martha als Filmschauspielerin
(S. 107–113)

Jüdische Klischees im Film

Erst bei Martha findet Hans wieder zur Ruhe. Die „Überraschung", die sie für ihn bereit hält, stürzt ihn allerdings in neue Konflikte: sie hat sich als Schauspielerin für einen Spielfilm engagieren lassen, der die Verfolgung der Juden durch die SS thematisiert. Martha ist fasziniert von dieser Chance, die für sie eine neue Welt eröffnet. Die Gage, die sie für ihre Rolle erhält, erwähnt sie erst als Argument, als sie bemerkt, wie ablehnend Hans auf diese Entwicklung reagiert. Er ist empört darüber, daß Martha, die seiner Meinung nach nur wegen ihres jüdischen Aussehens engagiert wurde, mitzuspielen bereit ist und damit das Klischeebild des Juden annimmt und verstärkt. Daß sie ihre Abstammung wie eine Ware einsetzt und damit auch noch Gewinn machen will, entsetzt ihn noch mehr. Wieder ist er gezwungen, sich mit seiner eigenen Identität auseinanderzusetzen; von allen Seiten bedrängt, findet er zu keiner Lösung: „Auf einmal wurde ich müde, mein Kopf verlangte nach einer Pause. Zu allem mußte er sich eine Meinung bilden: in der Schule, zu Hause, im Wald, jetzt hier, andauernd hatte er etwas zu entscheiden." (S. 113)

V. Ein Geschenk für Hugo Lepschitz (S. 114–120)

Nachdem Hans seinen Studienplatz sicher weiß, muß er sich um ein eigenes Zimmer kümmern. Das aber ist schwer zu bekommen; einen Wohnheimplatz kann er als Einwohner Berlins nicht beanspruchen. Besonders engagiert verhält sich Hans bei seiner Zimmersuche allerdings nicht, obwohl er das Zusammenleben mit Martha kaum aushalten kann. Er möchte eigentlich nur in Ruhe gelassen werden. Vor allem stört ihn das Verhalten von Marthas Eltern, die nicht wahrhaben wollen, daß die Beziehung beendet ist und nicht verstehen können, daß er sich gegen den neuen Freund Marthas nicht zur Wehr setzt. Lethargie wird zu seinem grundständigen Lebensgefühl: „Ich gehe in mein Zimmer und tue das Übliche, ich lungere herum. Ich lese Zeitung, ich schalte das Radio ein und suche Musik, die nicht zum Zuhören zwingt." (S. 115 f.)
Die Begegnung mit Martha läßt immer noch Funken der früheren Vertrautheit spüren, die aber nur noch schwach aufglimmen: sie erlauben ein ratio-

Entfremdung in der Beziehung zu Martha

nal begründetes Verhalten – den Kauf eines Geburtstagsgeschenkes für Hugo Lepschitz –, mehr nicht.

8. Elles erster Brief (S. 121–124)

Warnung vor der „Flüchtigkeit"

Elle hat sich in ihrem „Wirrenhaus" einen eigenwilligen Stil angeeignet, in dem sie mit ihrer Umwelt kommuniziert. Er entspricht in Struktur und Wortschatz weitgehend dem Umgangsdeutsch, erhält jedoch durch die spezifische Zeilenstruktur, durch Besonderheiten in der Rechtschreibung, den fast fälligen Verzicht auf Satzzeichen und einige – relativ wenige – Spezialbegriffe eine individuelle, poetische Ausdrucksform.

Dieser Gebrauch der Sprache läßt spüren, daß Elle sie nicht unbewußt oder unvernünftig einsetzt. Sie zeigt vielmehr, daß die Schwester sich bewußt aus ihrer Alltagsumwelt ausgliedert. Wie klar sie Hans' widersprüchlichen Charakter erfassen kann, wird aus einer Passage ihres Briefes deutlich: „du hast einen Verstand / der wie geschaffen für die Schule ist / du kannst dich seltsam gut erinnern / doch hast du eine andere Eigenschaft die dem / entgegensteht und dich behindert / du weißt wovon ich spreche / deine Flüchtigkeit" (S. 123).

Opportunismus

9. Juden und Deutsche (S. 125–131)

Kommunikationsunfähigkeit

Arno Bronstein behandelt seinen Sohn mit verletzender Sachlichkeit, sogar mit Abneigung und Widerwillen. Die Schwester dagegen liebt er offenbar herzlich – ein Familienverhältnis, das Hans intensiv spürt. Wenn der Vater etwa Elles Brief liest, erkennt er „in seinen Augen ... ein Interesse, auf das ich eifersüchtig war" (S. 126). Die Verachtung gegenüber den Deutschen resultiert aus der Geschichte Elles: Arno Bronstein führt ihre Psychose auf frühkindliche Erfahrungen zurück. Elle war als Kind einem geldgierigen Bauern übergeben worden, um die NS-Zeit zu überstehen. Nach der Befreiung war sie durch deren Behandlung innerlich zerrüttet, „aus der immer vergnügten Elle (war) ein mißtrauisches, hartes und reizbares Mädchen geworden" (S. 129).

Ein Gespräch zwischen Vater und Sohn scheitert bereits in den Anfängen; beide sind nicht in der Lage, aufeinander zuzugehen. Auch wenn Hans die Kommunikationsprobleme ausschließlich auf der Seite des Vaters sieht, wird doch auch seine eigene Unfähigkeit deutlich, die Barrieren zu überschreiten: beide sind in ihrem strategischen Kalkül gefangen. So erscheint auch der Vorwurf Arnos berechtigt, Hans fehle es an Anteilnahme für die Opfer des Faschismus. Mit seiner durchaus stimmigen rationalen Argumentation findet Hans dagegen keinen Zugang zum Vater: die Justiz der DDR würde den ehemaligen KZ-Aufseher ohne Gnade hart bestrafen. Dennoch bleibt der Haß Arno Bronsteins fundamental und unverrückbar, er kann Deutsche nicht leiden. Wie bösartig sein Urteil ausfällt, zeigt sein Beharren auf der Ablehnung einer legalen Bestrafung (s. S. 80): „Ich will es Dir noch einmal erklären: Sie können ihn deshalb nicht aus Überzeugung verurteilen, weil sie keine haben. Sie kennen nur Befehle. Viele bilden sich ein, daß die Befehle, die man ihnen gibt, ihrer eigenen Meinung entsprechen. Aber wer kann sich darauf verlassen? Befiehl ihnen, Hundedreck zu essen, und wenn du stark genug bist, werden sie Hundedreck bald für eine Delikatesse halten." (S. 130)

Arno Bronsteins Haß auf die Deutschen

10. Zusammentreffen mit Gordon Kwart (S. 132–140)

Vergebliche Einflußnahme

Hans versucht, die drei jüdischen Männer, die den KZ-Aufseher in ihre Gewalt gebracht haben, auseinanderzudividieren. Er setzt daher bei der Person an, die auf ihn den schwächsten Eindruck macht, den Geiger Gordon Kwart. Mit überlegener Nonchalance wehrt er jedoch seine Versuche, ihn zur Umkehr zu bewegen, ab. Hans bemüht sich, Kwart in die Ecke zu drängen, doch der läßt sich auf keinerlei Diskussion ein. Lediglich am Schluß des Gespräches fordert Kwart Hans dazu auf, Position zu beziehen – für das jüdische Selbstverständnis oder das deutsche: „Du sollst überlegen, zu wem du gehörst. Wenn du das beantworten kannst, erübrigen sich viele Fragen." (S. 139)

VI. Marthas Freund (S. 141–148)

Erotische Wünsche

Hans fährt mit der Straßenbahn durch die Stadt in seine alte Wohngegend. Er ist erfüllt von erotischen Wünschen. Seit dem Abbruch der Beziehung zu Martha hat er kaum Kontakt mit der Außenwelt gehabt, geschweige denn Beziehungen zu Frauen aufgenommen: „Das letzte Jahr hindurch bin ich wie eine Katze nur um das eigene Haus herumgeschlichen." (S. 141) In der dichtgedrängten Straßenbahn fühlt er sich bedrängt von Körpergerüchen, Körperteilen und „sündigen Geräusche(n)" (S. 144), gegen die er sich nicht wehren kann.

Martha hat die Verabredung, ein Geburtstagsgeschenk für ihren Vater zu kaufen, kurzfristig abgesagt. Zufällig sieht Hans sie jedoch auf der Straße mit einem älteren Mann flanieren, offenbar ihrem neuen Freund. Hans verfolgt sie, ohne einen Grund dafür nennen zu können. Er gibt vor, nicht eifersüchtig zu sein, und läßt es doch auf eine Konfrontation ankommen. Martha ist selbstbewußt genug, um die Situation zu meistern. Was immer Hans erreichen wollte, scheitert an ihrer Stärke. Er fühlt sich dem Rivalen unterlegen und geht verärgert weiter.

11. Verzweifelte Strategien (S. 149–155)

Mit vorhersagbar untauglichen Mitteln versucht Hans, die Geiselnehmer von ihrem Verhalten abzubringen. Zunächst will er einen anonymen Brief schreiben, spürt aber selbst, daß dieser Einfall nichts taugt und läßt ihn wieder fallen. Danach plant er, sich von einem Rechtsanwalt beraten zu lassen, was angesichts der geringen Zahl von Anwälten in der DDR und den zu erwartenden Kosten nicht einfach ist. Hans erinnert sich jedoch, daß der

Vater einer Schulfreundin Rechtsanwalt ist, also verabredet er sich mit ihr. Beide erwarten Unterschiedliches von diesem Treffen: sie zieht sich ihr Festtagskleid an, denn sie mag Hans offensichtlich und freut sich auf ein Rendezvous; er sieht sie lediglich als Mittler zwischen ihrem Vater und ihm. Als sie seine wahren Motive erkennt und Hans ehrlich genug ist, sie zu bestätigen, reagiert sie „eisig" (S. 155) und läßt ihn stehen.

VII. Am „Mittelpunkt der Welt"
(S. 156–163)

Erneuter Besuch bei Elle

Hans besucht Elle wieder, nachdem er sie über einen Monat nicht mehr gesehen hat. Er versucht ihr zu erklären, welche Probleme ihn beschäftigen, wird damit aber brüsk zurückgewiesen: „Wozu erzählst du das alles? (...) Ich vergesse ja die Hälfte wieder." (S. 157) Im Park des Anstaltsbereiches gehen sie zu einer entlegenen Stelle, um sich ungestört unterhalten zu können. An dieser Stelle teilt ihm Elle ein Geheimnis mit: „Ich habe herausgefunden, daß hier der Mittelpunkt der Welt ist." (S. 159) Hans überlegt, wie er mit dieser Feststellung umgehen soll, läßt sich dann aber auf ihre Definition der Wiese ein.

Seine eigene Existenz ist, so vermutet er, eng an Elles Krankheit gebunden: ohne ihre Psychose hätten sich die Eltern kaum veranlaßt gesehen, ein zweites Kind zu zeugen: „Ich meine: wenn Elle ein sogenanntes normales Mädchen gewesen wäre, dann hätten meine Eltern wohl nicht beschlossen, neunzehn Jahre nach ihrem ersten Kind ein zweites in die schwarze Welt zu setzen. In Wirklichkeit habe ich drei Eltern, Vater, Mutter und Elles Verwirrung, und zwei davon leben nicht mehr." (S. 161) Das Vertrauensverhältnis zwischen den Geschwistern scheint jedoch gestört. Elle erkundigt sich nach ihrem Anteil an der väterlichen Erbschaft, und Hans hat alle Mühe, sich ihrer indirekten Vorwürfe zu erwehren.

12. Die Beziehung zu Martha wird kompliziert (S. 164–170)

Die Beziehung zwischen Hans und Martha gerät in immer größere Schwierigkeiten: die Lust, miteinander zu schlafen, wächst in dem Maß, in dem die Möglichkeit dazu fehlt: das Waldhaus ist noch immer besetzt, die Wetterverhältnisse lassen die Liebe im Freien nicht zu. Gleichzeitig aber wird ihre Liebe auf die Probe gestellt, weil Hans Martha konsequent verschweigt, warum das Häuschen nicht zur Verfügung steht. Sie erkennt, daß Hans sich anders verhält als üblich und versucht, eigene Schlüsse zu ziehen. Hans gerät durch sein Schweigen immer mehr in eine Situation, die es ihm unmöglich macht, die wahren Verhältnisse zu schildern. Die Belastung, die ihr Verhältnis dadurch erfährt, kann zunächst noch beiseite geschoben werden. In der wachsenden Vorsicht, mit der sie sich weiter begegnen, wird aber bereits deutlich, daß ihre Beziehung nicht mehr unmittelbar dem Gefühl folgt, sondern vom Verstand kontrolliert wird: „Von diesem Moment an achteten wir auf unsere Worte, zumindest für den Rest dieses Tages; wir wußten nun, wie leicht ein Streit entsteht." (S. 170)

VIII. Zimmersuche bei Kwart (S. 171–180)

Hans sucht Kwart aus rein zweckrationalen Gründen auf. Er hat über das Orchester und die Synagoge Kontakt zu vielen Menschen und kann auf diese Weise eventuell ein Zimmer besorgen. Zuletzt haben sich beide bei der Beerdigung von Arno Bronstein gesehen, so daß jetzt aus der Distanz Gelegenheit wäre, über die Handlungen des Vaters und der Freunde zu reden. Kwart sieht sich auch in dieser Verantwortung; er weint und spricht von seiner Mitschuld am Tod Arno Bronsteins. Hans erkennt jedoch lediglich die Kluft zu Kwart, die ebenso unüberbrückbar ist wie sie zu seinem Vater war. In Kwarts Tränen sieht er „Zyklopentränen, nicht allzu viele" (S. 172), er bleibt mitleidlos und unbe-

wegt – zunächst jedenfalls. Wider Willen wird aber
auch er von Kwarts Rührung mitgezogen und kann
sich nur mühsam gegen seine Sentimentalität zur
Wehr setzen: „Eine verfluchte Rührung steigt in
mir auf, nun doch noch, sie steigt und steigt und
möchte durch die Augen hinaus ins Freie, was ist
passiert?" (S. 173) Zu einer Konfrontation zwischen den beiden kommt es allerdings lediglich in
Hans' Gedanken. Er sieht in Kwart einen „Mitläufer" (S. 174), der sich dem Einfluß der beiden anderen nicht entzogen hat.
Der eigentliche Anlaß des Besuches, die Zimmersuche, wird zu einer Herausforderung für Hans. Als
Kwart sich in die Verantwortung genommen sieht
und ihm ein Zimmer in seiner eigenen Wohnung
anbietet, muß er alle Kraft in Anspruch nehmen,
um dieses Angebot ablehnen zu können. Zunächst
versucht Hans es, wie so oft, mit einer Notlüge: er
behauptet, geräuschempfindlich zu sein. Erst
nachdem er damit scheitert, kann er seine Ablehnung klar formulieren, fühlt sich in dieser unge-
wohnten Situation aber sofort unwohl und verantwortlich für die Reaktion des anderen: „Ich komme
mir vor wie ein Lump, ich habe mit unverhältnis-
mäßiger Kraft auf einen winzig kleinen Gegner
eingeschlagen." (S. 179)

13. Feindschaft zwischen Vater und Sohn (S. 181–190)

Die Auseinandersetzung zwischen Arno und Hans
Bronstein eskaliert bei einem Abendessen, zu dem
Kwart eingeladen hat. Während Kwart versucht,
die Abrechnung mit dem Aufseher Heppner zu erklären, geht Arno von Anfang an auf Konfronta-
tionskurs; bezeichnet seinen Sohn als „Feind"
(S. 184), als „Rotznase" (S. 188), als Beispiel von
„Leute(n), die man zehnmal rausschmeißen muß,
damit sie einmal gehen" (S. 189). Es gibt keine Ver-
ständigung zwischen den Generationen, weil eine
gemeinsame Basis fehlt. Kwart nennt sie die Lagererfahrung, meint damit aber wohl allgemeiner
die Identität eines Juden in Deutschland.

**Lagererfahrung
trennt die
Generationen**

14. Elles zweiter Brief (S. 191–194)

Elles Parteinahme für den Vater

In ihrem zweiten Schreiben an Hans rät Elle ihrem Bruder ausdrücklich, „sich von den Angelegenheiten des Vaters abzukehren" (S. 192), denn sonst – und damit hat sie das Verhältnis zwischen Vater und Sohn genau charakterisiert – wende sich Arnos Zorn gegen ihn selbst. Sie warnt auch davor, Mitleid mit einem ehemaligen KZ-Aufseher zu haben: „warum soll man diese Personen Nicht auch ein Mal / in Angstundschrecken versetzen / und selbst wenn eine von ihnen Getötet wird / bedeutet das noch Nichts" (S. 192). Ihr Ratschlag, sich nicht in einen zwangsläufigen Vorgang einzumischen, bleibt ihm unverständlich; auch von ihr sieht Hans sich alleingelassen, weil er unfähig ist, den eigenen Standpunkt in Frage zu stellen.

15. Besuch im Filmatelier (S. 195–203)

Jüdische Identität

Die wütende Ablehnung, die Hans für Marthas Filmengagement an den Tag legt, wird verstärkt durch seine Enttäuschung über Elles Brief. Er spricht dem Unternehmen grundsätzlich jede Berechtigung ab, denn daß Martha als Komparsin mitspielt, verdanke sie lediglich ihrer Eigenschaft als Jüdin. Die Vermischung von Rolle und Identität in diesem Spielfilm erweckt seinen Widerwillen: Für Hans, der seine jüdische Identität stets geleugnet hat, ist die Vorstellung unerträglich, daß Martha aus ihrem jüdischen Aussehen Kapital schlägt. „Warum mußten Juden im Film von echten Juden dargestellt werden? Als Martha diese Rolle angeboten worden war, hätte sie antworten müssen: Nur wenn auch die SS-Männer echte SS-Männer sind." (S. 197)

IX. Zimmersuche (S. 204–209)

Kwart meldet sich mit einem Vorschlag, der Hans' Zimmersuche bedeutend vereinfachen würde: das „Büro für die Opfer des Faschismus" könnte sich für ihn einsetzen – eine Idee, die Hans rundweg abschlägt. Er weigert sich, Privilegien anzunehmen, die ihn in seiner Sonderrolle festschreiben, so wie er auch nur widerwillig seine Bewerbung um einen Studienplatz mit dieser Kategorie unterstützt hat (s. S. 52).

Schmerzhafter Ablösungsprozeß

Nur mühsam kommt ein Gespräch mit Martha zustande, die das Telefonat mitverfolgt hat. Während sie versucht, mit ihm zu reden und seine Situation zu verstehen, ist es Hans, dem es schwerfällt, den ersten Schritt zu tun. Offensichtlich hat er den Bruch der Beziehung noch immer nicht verarbeitet, verlangt ein größeres Maß an Zuneigung von ihr und ärgert sich über ihr „tantenhaftes Gefrage" (S. 208). Er wünscht „Anteilnahme, Erstaunen oder gar Bestürzung" (S. 209). Immer wieder erkennt Hans Situationen, in denen ein Aufglimmen ihrer Liebe möglich wäre, er will sich aber die eigenen Gefühle nicht eingestehen. Martha dagegen erscheint wesentlich selbstbewußter in ihrem Verhalten Hans gegenüber, gestärkt auch durch ihre neue Beziehung.

16. Eine Fahrt auf den See (S. 210–217)

Ablehnung der Opferrolle

Ein letztes Mal kommt es zu einer harmonischen Begegnung zwischen Hans und Martha. Sie hat ein Motorboot besorgt, mit dem beide auf einen See hinausfahren, sich sonnen und lieben. Dennoch sind seine Gefühle ambivalent: er ist verwundert über ihre Selbständigkeit, die ihn unerwartet trifft, vor allem aber nagt in ihm die Abneigung gegenüber ihrer Filmrolle. Er verschweigt aber seinen Widerwillen, um die Harmonie nicht in Frage zu stellen – „Während einer Fahrt, deren Ziel es doch war, uns in Ruhe zu umarmen, konnte ich Martha nicht die Wahrheit sagen: daß ich es bitter fand, eine jüdische Abstammung oder ein jüdisches Gesicht zu Geld zu machen." (S. 213) –, ohne zu erkennen, daß er damit die Beziehung selbst längerfristig unterminiert.

17. Die Beratung des Vaters (S. 218–223)

Nach Hause zurückgekehrt, belauscht er heimlich seinen Vater. Sein Zimmer ist mit dem des Vaters zwar verbunden durch eine Tür, eine „nie benutzte Tür" jedoch (S. 218), die noch dazu mit einem Kleiderschrank zugestellt ist. Durch diese Absperrung hindurch hört Hans die Stimmen seines Vaters und dessen Freunde. Er schiebt den Schrank weg, legt sich auf den Fußboden und wird Zeuge, wie sich die Männer Geschichten über das Leben im Konzentrationslager erzählen. Zum ersten Mal hört er dabei den Vater Jiddisch sprechen. Für Hans ist der Vorgang unbegreiflich, denn die Sprache gehört zu einer jüdischen Kultur, die der Vater ihm gegenüber stets als „Erfindung" (S. 48), die der Welt eingeredet worden sei, abgetan hat. In der vertrauten Umgebung eröffnet sich ihm jetzt eine unbekannte, verstörende Welt.

Jüdische Kultur – doch keine „Erfindung"?

X. Marthas Sportunfall (S. 224–230)

Der neue Freund

Die Tage verlaufen für Hans in einem ständig gleichen Turnus, geprägt durch „immer die gleiche Haltung, die gleiche Langeweile" (S. 224). Seine Lethargie, ausgelöst durch die Vorgänge im Waldhaus, scheint unbezwingbar, sie führt auch dazu, daß er sich kaum noch äußert und in sich selbst zurückzieht. Er sieht sich nun selbst als mögliches „Opfer des Faschismus" (S. 224), ohne damit aber seine Situation verändern zu können. Marthas Beziehung zu ihrem neuen Freund gewinnt an Bedeutung: er taucht jetzt bereits in der Wohnung der Lepschitz auf und erhält einen Namen: „Ron Wakkernagel" – allein der Vorname bereitet Hans Magenschmerzen – und wird in das Familienleben eingeführt, als er Martha nach einem Tennisunfall nach Hause begleitet und sich um ihre Verletzung kümmert. Hans reagiert eifersüchtig, als er mit ihm konfrontiert wird. Er wird von der neuen Situation überrollt, ohne sich seine Gefühle für Martha selbst eingestehen, geschweige denn formulieren zu können. So bleibt ihm nach einem kurzen Gespräch mit Martha nur Selbstmitleid als Trost für seine Vereinsamung. Vergangenheit und Gegenwart bindet er zusammen, wenn er am Schluß des Kapitels resümiert: „Ich bin nicht der erste, dem ein Vater gestorben ist! Ich schwimme in Selbstmitleid und weiß nicht wohin, das muß anders werden." (S. 230)

18. Elles Krankheit (S. 231–239)

Elle hat – „geschickt wie eine alte Lügnerin" (S. 192/195) – dem Vater offenbart, was sie von Hans über das Folterverhör erfahren hat. Das war Auslöser für die feindselige Behandlung durch den Vater. Hans vermutet hinter ihrem Vorgehen mehr als nur das naive Verhalten einer psychisch gestörten Person – er kennt seine Schwester auch als eine bösartige Frau, die aus eigenen Interessen heraus ihren Mitmenschen schadet: so spann sie vor Jahren eine geschickte Intrige, um eine Krankenschwester loszuwerden, die sie nicht leiden konnte. Sie behauptete, von ihr durch ein Medikament vergiftet zu werden, das sie sich selbst besorgt hatte. Der Plan war so raffiniert wie erfolgreich, die Schwester wurde entlassen, während Elle sich als Opfer stilisieren konnte. Mit den Verletzungen, die sie als Kind erfahren hat, erklären sich Arno und Hans ihre Aggressionsschübe (s. S. 129). Offensichtlich haben sie sich aber so weit verselbständigt, daß Elle aus durchaus egoistischen Motiven asozial wird. Die Vorwürfe, mit denen Hans ihr wegen des Gesprächs mit dem Vater begegnen will, unterläuft sie geschickt. Daß sie ihren Bruder liebt, wird in einer zärtlichen Geste am Ende des Besuchs deutlich; dennoch gelingt es ihm nicht, sie in diesem Konflikt auf seine Seite zu ziehen. Elle bleibt als neutrale Kraft zwischen Vater und Sohn; ihr Rückzug in das psychiatrische Krankenhaus dient ihr dabei auch als Form des Selbstschutzes.

Asoziales Verhalten Elles

19. Feindschaft zwischen Vater und Sohn
(S. 240–245)

Rivalität um Elle

In der Wohnung des Vaters, die in einem restlos desolaten Zustand ist – und damit wohl dem inneren Chaos von Arno und Hans Bronstein entspricht –, findet Hans die Brieftasche des Entführungsopfers und damit auch erste individuelle Fakten. Sie ergeben kein besonderes Bild des KZ-Aufsehers, eher sehr alltägliche Details aus einem kleinbürgerlichen Leben. Das Zusammentreffen mit dem Vater beschränkt sich auf wenige Worte, die sich um den Kontakt zu Elle drehen. Beide rivalisieren um ihre Gunst. Der Vater will sie aus dem Geschehen heraushalten, der Bruder weist ihr eine Schiedsrichterfunktion zu. Arno verhält sich in diesem Gespräch bewußt verletzend. Er will, wie bereits zuvor, den Sohn provozieren, um eine emotionale Äußerung zu erzwingen. Hans ist damit überfordert, er kann sich der Konfrontation lediglich durch die Flucht aus der Wohnung entziehen.

Aus dem Abstand eines Trauerjahres erst erkennt Hans, wie sehr er in seiner Selbstbezogenheit die Stärke des Vaters in dieser Situation überschätzt und durch den Druck, den er auf ihn ausgeübt hat, zu dessen Tod beigetragen hat: „Tausendmal habe ich mir inzwischen Vorwürfe gemacht, ich hätte nur mein Gekränktsein im Kopf gehabt und nicht begriffen, daß ich nur eine Randfigur war. Tausendmal habe ich mich gefragt, aus welchem Grund ich Vater für einen Herkules hielt, dem jede Anstrengung zugemutet werden konnte." (S. 245)

20. Walter Ulbrichts Tod (S. 246–253)

Identitätskrise

Die Beziehung zwischen Hans und Martha ist bereits angeknackst, zusätzlich kompliziert wird sie durch den Argwohn ihrer Mutter, die immer wieder kontrollierend in Marthas Zimmer kommt. Martha als Studentin ist zudem mit einer Semesterarbeit beschäftigt und hat wenig Zeit für seine Probleme. Hans versucht sich aus seinem Lügengespinst zu befreien und Martha von den Vorgängen im Waldhaus zu berichten, wird aber in seinem Versuch durch die Nachricht von Walter Ulbrichts Tod (S. 249) unterbrochen. Zu einer Kontroverse führt schließlich erneut Marthas Engagement im Film. Sie wirft Hans vor, daß er seiner jüdischen Identität auszuweichen versuche. In seinem krampfhaften Bemühen, nicht anders zu sein als seine Umwelt, verhalte er sich nicht weniger befangen als diejenigen, die ihre Sonderrolle hervorkehren: „Kaum fängt ein Wort mit Jot an, bricht dir der Schweiß aus. Die wirklichen Opfer wollen andauernd Gedenktage feiern und Mahnwachen aufstellen, und du willst, daß geschwiegen wird. Du bildest dir vielleicht ein, das wäre das Gegenteil, aber ich sage dir: es ist dieselbe Befangenheit." (S. 251)

XI. Auf der Suche nach Heppner (S. 254–262)

Noch einmal betont Hans den opportunistischen Zug in seinem Denken und Verhalten (s. S. 85 f.): „ich bin ein fügsamer Kerl. (…) Dabei haben mir Leute, die aufbegehren, immer besser gefallen als die ergebenen, und ich hatte nie Zweifel, daß ich einer von ihnen werden würde. Das ganze Unglück ist, daß nichts in meiner Umgebung ist, wogegen ich mich auflehnen könnte." (S. 254) Offensichtlich fällt es ihm schwer, eine eigene Position zu entwickeln und Stellung zu beziehen.

Opportunismus

Beim Aussortieren alter Dokumente findet Hans Aufzeichnungen wieder, die er vor einem Jahr aus dem Notizbuch des KZ-Aufsehers übertragen hatte. Er entschließt sich spontan, ihn zu besuchen. Im Wohnhaus Heppners trifft er zufällig auf ein taubstummes Paar, das ihm nähere Informationen über dessen weiteres Schicksal geben kann. Zunächst von der Begegnung überrascht und eher peinlich berührt, gewinnt Hans Gefallen an der Exotik ihrer Kommunikation. Die Unterhaltung mit gestischen und mimischen Mitteln fasziniert ihn, „es macht Vergnügen, die fremde Sprache zu entziffern" (S. 260). Für Hans, der so große Schwierigkeiten hat, mit seiner Umwelt in Kontakt zu kommen, sich mitzuteilen, erscheint die Frau, die „für ihr Leben gern" plappert (S. 260) von besonderer Attraktivität; nur ungern verabschiedet er sich von diesem Paar. In sein Zimmer zurückgekehrt, findet er weitere Dokumente über seinen Vater, unter anderem einen Antrag auf die Genehmigung, ein Fotogeschäft zu eröffnen. Die Ablehnung der Behörden deutet daraufhin, daß Arno Bronstein sich nicht der Formel „Opfer des Faschismus" bedient hat, um sein Anliegen durchzusetzen.

21. Die letzte Begegnung mit dem Vater (S. 263–270)

Sorge um den Zustand des Vaters

Ein Urlaub an der Ostsee soll dazu beitragen, das angeschlagene Verhältnis zwischen Hans und Martha wieder ins Lot zu bringen. Zuvor kommt es jedoch noch zu einer Begegnung zwischen Hans und Arno Bronstein, die zeigt, wie weit der Vater bereits von den Ereignissen im Waldhaus gezeichnet ist, er sich mit seinem privaten Rachefeldzug übernommen hat. In der Nacht wacht Hans durch Arnos Lärm auf. Völlig gegen seine Gewohnheiten ist er betrunken und in dieser Lage auch bereit, auf seinen Sohn zuzugehen. Das Waldhaus als Liebesnest von Hans und Martha ist ihm längst vertraut, die Lügen erweisen sich damit als sinnlos. Doch Hans ist selbst in diesem Moment nicht bereit, die Lüge mit dem Zweitschlüssel zu gestehen. Ambivalent bleibt der Eindruck, den Hans von seinem Vater gewinnt: er rühmt sich eines Erfolgs, den die Folterer vermeintlich errungen haben: der Aufseher streite nicht länger ab, „Erschießungen gesehen zu haben" (S. 269) – ein eher banales Geständnis, wie Hans meint. Ihm fällt viel stärker auf, wie derangiert der Vater wirkt; das „unbändige Lachen", in das er über seinen Sieg verfällt, wirkt wie ein tränenüberströmtes Weinen (S. 270). Offensichtlich übersteigt das Geschehen die Kräfte des Vaters.

22. Die zweiten Weltfestspiele der Jugend in Berlin (S. 271–280)

Isolation als zentrale Erfahrung

Nachdem Hans seinen Vater zu Bett gebracht hat, geht er selbst aus dem Haus. Er beginnt einzusehen, daß seine Möglichkeiten, in das Vorhaben des Vaters einzugreifen, begrenzt sind und bewegt sich damit auf Elles Position zu, die ihm in ihren Briefen explizit abgeraten hatte, sich einzumischen: „Zum erstenmal dachte ich an die Möglichkeit, daß die Geschichte überhaupt kein gutes Ende nehmen konnte; daß niemand in der Lage war zu helfen, daß alles sich so ereignen mußte, wie es sich ereignete." (S. 271) Auf den Straßen und in den Kneipen spielt sich ein für Ostberlin völlig ungewohntes turbulentes Treiben ab, bedingt durch die zweiten Weltfestspiele der Jugend, die der Stadt und dem Staat ein besonders weltläufiges Flair geben sollen. Die fröhliche, legere Stimmung steht den trüben Vorahnungen entgegen, die Hans bewegen. Am Alexanderplatz versucht er, vergeblich in das Innere des Kreises vorzudringen. Er bleibt außerhalb und sucht statt dessen den Kontakt zu Martha. Nach einigen Mühen findet er sie tatsächlich beim Abschluß ihrer Filmaufnahmen. Sie nimmt ihn mit in ihre Wohnung und in ihr Bett. Hans ist aber von der Begegnung mit dem Vater und dem eigenen Alkoholkonsum so ausgelaugt, daß er kein Gespräch mehr mit ihr führen kann und bereits im Auto einschläft. Es ist auch keine Rede davon, daß sie während der ersten gemeinsamen Nacht nach vielen Tagen miteinander schlafen. Hans genügt es, beim Aufwachen Martha zu betrachten. Am Morgen geht er heimlich aus der Wohnung, um nicht ihren Eltern begegnen zu müssen, ist es doch die erste Nacht, die Hans in ihrer Wohnung verbringt.

23. Elles dritter Brief (S. 281–284)

Elle wendet sich gegen Hans

In ihrem dritten Brief greift Elle zurück auf den letzten Besuch ihres Bruders und die Vorwürfe, die sie sich von ihm anhören mußte (s. S. 234 ff.). Sie bezieht nun eindeutig Stellung und warnt Hans davor, gegen den Vater vorzugehen. Unmißverständlich schreibt sie: „Dieser fremde Unmann oder unser Vater / es gibt dabei Nichts Drittes" (S. 282). Dabei werde Hans zeigen müssen, daß er Partei beziehen könne: „erst dann aber stellt sich heraus / ob du ein Blauer bist oder ein Gelber" (S. 282). Sie ist sensibel genug, um zu spüren, wie sich das Verhältnis zwischen Vater und Sohn verschlechtert hat; die Schuld daran weist sie Hans zu. Am Schluß ihres Briefes läßt sie die besondere Beziehung spüren, die zwischen dem Bruder und ihr besteht: sie war es, die ihm seinen deutschen Namen verschafft hat.

XII. Ein neues Quartier (S. 285–292)

Aussicht auf eine neue Wohnung

Martha bringt die erlösende Nachricht: von einem Schauspielerkollegen hat sie erfahren, daß in seiner elterlichen Wohnung ein Zimmer mit Balkon frei wird. Die Eltern gehen als Botschafter ins Ausland, nachdem der deutsch-deutsche Vertrag von 1972 einen Schub an diplomatischen Anerkennungen gebracht hat. Gesucht wird als Untermieter ein „angenehmer junger Mann" (S. 287), eine Eigenschaft, die Hans, zumindest an der Oberfläche, in idealer Weise verkörpert. Noch immer ist er in Marthas Gegenwart aber so unsicher, daß es ihm schwer fällt, ihr mit den passenden Worten zu danken. So gestaltet sich seine Dankbarkeit als Vorwurf, ihn nicht genügend zu lieben – „Du scheinst es aber eilig zu haben, mich loszuwerden." (S. 288) –, wobei er gleichzeitig weiß, wie ungerecht und unpassend seine Worte sind. Martha dagegen sieht sehr klar, daß es für alle Beteiligten besser ist, wenn Hans die Wohnung der Lepschitz wieder verläßt. Sie ist auch in der Lage, natürlich mit ihrem ehemaligen Geliebten umzugehen; die Irritationen in ihrem Verhältnis kommen von Hans.

24. Das Ende (S. 293–302)

Hans kann den Anblick des betrunkenen Vaters nicht vergessen. Er versucht, ein Ende der Folterung zu erzwingen. Um seinen Vater aus den Verstrickungen zu lösen, ist er bereit, auf eigene Faust den Gefangenen zu befreien. Als er gegen Mitternacht in das Haus eindringt, findet er seinen Vater tot auf. Er hat die psychische Anspannung offensichtlich nicht ausgehalten. Hans beginnt verbissen, die Handschellen des KZ-Aufsehers aufzufeilen – ein vergeblicher Versuch, der lediglich den Zweck hat, seine Erschütterung über den Tod zu bewältigen. Er erfährt schließlich von dem Gefangenen, daß sein Vater die Schlüssel bei sich trägt. Der Roman endet damit, daß Hans zu ihm geht und ihm in die Tasche greift, „zuerst in die falsche und dann in die richtige" (S. 302) – ein symbolhafter Abschluß für die lange Suche nach dem Schlüssel zur eigenen Identität.

Der Tod des Vaters

Exkurs: Jüdisches Leben
in Deutschland seit 1945

Die Vorstellung, daß Juden jemals auf deutschem
Boden wieder heimisch werden könnten, erschien
der jüdischen Gemeinschaft nach dem Ende des
Zweiten Weltkriegs unvorstellbar. Die eigene Würde des gedemütigten Volkes verlangte, einen weiten
Bogen um Deutschland zu schlagen; diejenigen, in
deren Namen der Massenmord an Juden organi-
siert wurde, sollten nicht noch durch die Mithilfe
der Überlebenden die Chance erhalten, sich zu re-
habilitieren. So erklärte der Jüdische Weltkongreß
1948 in Montreux, daß kein Jude mehr deutschen
Boden betreten dürfe; zionistische Organisationen
ließen lange Jahre keine Vertreter der Juden in
Deutschland zu ihren Kongressen zu; die Jewish
Agency stellte 1951 ein Ultimatum, daß innerhalb
von sechs Wochen die in Deutschland lebenden Juden ihre Koffer zu packen hätten. (Vgl. dazu in
Brumlik, Micha u. a. [Hg.]: „Jüdisches Leben in
Deutschland seit 1945", Frankfurt/M. 1988, S. 14)
Radikal wurde eine mögliche Integration in die
deutsche Nachkriegsgesellschaft abgelehnt. Ein
auf die Ausreise nach Palästina wartendes Mitglied
des „central komitet fun di befraite jidn in der
amerikanischen okupacie-cone in daitschland"
schrieb 1946:

> „Die verfluchte deutsche Erde hat sich in ein zeit-
> weiliges Heim für die jüdischen Massen verwan-
> delt. Was soll man tun? In deutschen Fabriken ar-
> beiten? Deutsche Häuser aufbauen? Die deutsche
> Erde bebauen? Das hat kein Jude gewollt und will
> es auch heute nicht, weil jeder es als Verbrechen
> betrachten würde, beim Aufbau der Wirtschaft des
> deutschen Volkes zu helfen, dessen bewaffnete
> Söhne ein Drittel des jüdischen Volkes ermordet
> haben. Es wäre absurd, wenn Juden beim Wieder-
> aufbau Deutschlands helfen würden." (zitiert in:
> Brumlik, Micha u. a. [Hg.]: „Jüdisches Leben in
> Deutschland", S. 189)

Seine Worte lassen eine veränderte Situation erkennen, denn erneut lebte eine große Zahl von Juden in Deutschland. Als *displaced persons* kam die Mehrzahl von ihnen aus Ost- und Südosteuropa, v. a. aus Polen, nachdem es dort 1946 bereits zu einem antisemitischen Pogrom mit mehr als 40 jüdischen Opfern und 60 Verletzten kam. (Vgl. dazu: Erica Burgauer: „Zwischen Erinnerung und Verdrängung. Juden in Deutschland nach 1945", Reinbek 1993, S. 18 f.) So lebten in den Jahren 1945 bis 1950 bis zu 200 000 Juden in deutschen Flüchtlingslagern, häufig – wie in Dachau –, indem die ehemaligen Konzentrationslager umfunktioniert wurden.

Die ostjüdischen Flüchtlinge

War der Aufenthalt für die meisten Juden zunächst nur vorübergehend geplant, als Station auf der Durchreise nach Palästina oder in die USA, so gaben einige tausend von ihnen die weitergehenden Pläne auf. Sie konnten wegen der erlittenen körperlichen Gebrechen nicht weiterwandern, hatten in den Jahren des Wartens eine berufliche Existenz in Deutschland gefunden, oder sie erhofften sich, wie Jurek Becker von seinem Vater berichtet, gerade in Deutschland eine sichere Perspektive:

> „Er hat gemeint, in seiner alten Umgebung, in Polen, sei der Antisemitismus ja nicht erst mit dem Auftauchen der Deutschen entstanden. (...) Er hat gehofft, daß die Diskriminierung von Juden gerade an dem Ort, an dem sie ihre schrecklichsten Formen angenommen hatte, am gründlichsten beseitigt werden würde." (in: Irene Heidelberger-Leonard [Hg.]: „Jurek Becker", S. 17)

Bis 1952 war die Auswanderungswelle der Juden weitgehend zum Abschluß gekommen. Als die jüdischen Hilfsorganisationen und die internationale Flüchtlingskommission der UN ihre Arbeit beendeten, zeigte sich, daß etwa 12 000 Juden in Deutschland verblieben waren, die meisten in Westdeutschland. Zu ihnen stießen Rückwanderer; Juden, die durch die wirtschaftliche Prosperität in den Jahren des „Wirtschaftswunders" und ermutigt durch das Wiedergutmachungsgesetz in die Bundesrepublik zurückkehrten. Insgesamt kamen

Remigranten

bis 1959 etwa 9000 Rückwanderer; bis zu Beginn der sechziger Jahre gehörten etwa 21 000 Juden den jüdischen Gemeinden an, eine Zahl, die bis gegen Ende der achtziger Jahre kontinuierlich auf ca. 29 000 Personen anstieg. Zu ihnen können zusätzlich etwa 15 000 Juden gerechnet werden, die nicht den Gemeinden angehören. Seit 1989 sind v. a. aus den Ländern der ehemaligen Sowjetunion weitere 12 000 Zuwanderer in die Bundesrepublik gekommen, so daß zur Zeit etwa 40 000 Mitglieder in den jüdischen Gemeinden gemeldet sind – gegenüber rund 500 000 Juden, die laut einer Volkszählung 1933 in Deutschland lebten.

Schuldgefühle der Juden in Deutschland

Tatsache ist jedoch, daß viele Juden an Schuldgefühlen leiden, weil sie in der Bundesrepublik leben. Ihre prekäre Situation hat sich in vier Jahrzehnten kaum geändert: weiterhin sehen sie sich angefeindet von den Juden in aller Welt, für die es undenkbar ist, in Deutschland, „im Haus des Henkers" – so der Titel eines Buches von Susann Heenen-Wolff (Frankfurt/M. 1992) –, leben zu können. Die Legitimation muß auch heute immer wieder erkämpft werden. 1985 erscheint eine Reihe von Interviews junger Juden aus Deutschland und Österreich, in der einer der Gesprächspartner über seinen Aufenthalt in Israel Ende der 70er Jahre berichtet:

> „Als die erfuhren, daß ich aus Deutschland kam, machten sie mir schwere Vorwürfe. Wie kann man nur nach all dem, was passiert ist, als Jude in Deutschland leben, mußte ich mir tagtäglich anhören. (…) Die meinten, wer heute noch in Deutschland lebe, sei ein Verräter, der würde Tote verraten. Ich habe mich jedesmal furchtbar aufgeregt." (Peter Sichrovsky: „Wir wissen nicht, was morgen wird, wir wissen wohl was gestern war", S. 57)

Die Haltung der Deutschen gegenüber der jüdischen Minorität auf der anderen Seite erscheint durch Mißtrauen, Befangenheit, Unbehagen geprägt; ihre Einstellung pendelt zwischen Anti- und Philosemitismus; der Holocaust wurde mit geschäftsmäßigem Rationalismus bewältigt. So erhielt die „Wiedergutmachung für die Opfer der na-

tionalsozialistischen Verfolgung" einen dezidiert
wirtschaftspolitischen Sinn, galt es doch, die Re-
putation der Bundesrepublik in der Nachkriegszeit
nachhaltig zu verbessern und damit zugleich die
Exportchancen der deutschen Industrie anzukur-
beln. „Wenn es uns gelingt, die Judenfrage aus der
Welt zu schaffen, wird das auch unserem wirtschaftlichen Leben insgesamt zum Vorteil reichen,
selbst wenn dabei einige Prozente einen falschen
Weg nehmen, so ist bei diesen Waren der Nutzen,
abgesehen von der moralischen Seite, größer als
der Schaden", so Konrad Adenauer zu den Zielen
der Wiedergutmachung. Der eingesetzte Betrag
umfaßte in den vierzig Jahren deutscher Wieder-
gutmachungszahlungen etwa 80 Milliarden DM —
eine Summe, die insgesamt etwas mehr als die
Hälfte der Kosten ausmacht, die zur Zeit pro Jahr
in die fünf neuen Länder Deutschlands geht. Die
Höhe des Betrages wird weiterhin relativiert, betrachtet man die Leistungen, die im einzelnen Fall
gewährt werden: ein ehemaliger KZ-Häftling wird
mit etwa 150 DM pro Monat KZ-Aufenthalt ent-
schädigt. Dennoch sind diese Zahlungen immer
wieder Anlaß antijüdischer Ressentiments geworden, provozieren sie die alltägliche Stammtischpo-
lemik bis hin zur Gewalttätigkeit von Neonazis.
Auf die geheime Verbindung von öffentlich verord-
netem Philosemitismus und privatem Antisemitismus hat Jurek Becker in einem Interview 1988 hin-
gewiesen:

> „In der Bundesrepublik ist Antisemitismus offi-
> ziell verpönt, Philosemitismus ist geradezu Staats-
> doktrin geworden. Auch wenn die unmittelbaren
> Folgen dieses Philosemitismus für die Juden nicht
> so lebensbedrohlich sind, halte ich das doch für
> Feuer unter demselben Kessel. Da kocht etwas im-
> mer weiter." (Gespräch mit Marianna Birnbaum,
> in: Irene Heidelberger-Leonard [Hg.]: „Jurek Bek-
> ker", S. 99 f.)

Ist die Situation der Juden in Westdeutschland pre-
kär, war sie in der ehemaligen DDR nicht einfa-
cher. Antifaschismus galt hier als Losung, die dem
zweiten deutschen Staat als Grundlage seiner Exi-

stenzberechtigung diente. Nur der Sozialismus könne, so hieß es, die Wiederkehr des Faschismus ein für allemal verhindern. Diese Argumentation erschien um so glaubwürdiger, als man auf die großen Opfer der Sowjetunion und auch auf den Einsatz der eigenen Führung im Kampf gegen den Nationalsozialismus verweisen konnte. Der Antifaschismus geriet so zur glaubwürdigsten Legitimation der DDR und konnte in der Folge auch als Rechtfertigung aller wichtigen politischen Entscheidungen dienen: er wurde herangezogen als Begründung für die Errichtung der SED-Herrschaft, die Durchsetzung der Bodenreform oder der Sozialisierungsmaßnahmen.

Der Antifaschismus als offizielle Ideologie der DDR war Grundlage dafür, daß schon kurz nach Kriegsende eine kleinere Zahl politisch motivierter Juden in die sowjetische Zone bzw. die DDR zurückkehrte, Kommunisten vor allem wie der Philosoph Ernst Bloch, der Komponist Hanns Eisler, die Schriftsteller Anna Seghers, Stephan Hermlin, Arnold Zweig und andere. Das Plädoyer von Juden gerade für die sozialistische DDR als Lebensraum formuliert Jurek Becker in einem Interview:

> „Ich bin zum einen von der Sowjetarmee befreit worden, aus einem Lager – Mein Vater ist von der Sowjetarmee befreit worden. Das hat auf ganz gravierende Weise seine Sicht der Welt bestimmt. Bis er gestorben ist, im Jahr 1973, hat er dafür eigentlich immer Dankbarkeit empfunden." (Heinz Ludwig Arnold: „Gespräch mit Jurek Becker", S. 9)

Antizionismus in der UdSSR und DDR

Quer zu dieser eindeutigen Gegnerschaft gegenüber dem NS-Regime stand eine von Beginn an antizionistische Position der DDR. Sie war Anfang 1952 aus der Sowjetunion übernommen worden, wo sie dazu diente, eine Welle von Säuberungen gegen Spitzenfunktionäre der KPdSU vorzunehmen, unter dem Vorwand, sie seien von der CIA oder jüdischen Organisationen gesteuert. Höhepunkt des stalinistischen Antisemitismus war die Anklage gegen neun Kreml-Ärzte – darunter sechs Juden –, die beschuldigt wurden, Anschläge auf prominente Politiker geplant oder bereits ausgeführt zu haben. Die DDR beeilte sich, den Säuberungsprozessen in Moskau zu folgen; jüdische Kommunisten wurden unter dem Vorwurf, sie seien „Kosmopoliten", „Titoisten" oder „zionistische Agenten" verfolgt. Die Büros der jüdischen Gemeinden wurden durchsucht, verdächtigt wurde jeder, der einmal Pakete ausländischer Hilfsorganisationen erhalten hatte. Zahlreiche Juden flüchteten nach Westberlin, weil sie Angst vor antizionistischer Verfolgung hatten, auch der Rabbiner von Gesamtberlin, Nathan Levinson, rief alle Juden in der DDR zu diesem Schritt auf.

Offenkundig dienten selbst in den sozialistischen Gesellschaften Juden als Sündenbock, wurde der „Antizionismus" als Deckmantel benutzt, um parteitaktische Winkelzüge kaschieren zu können. Ihrer anti-israelischen Politik folgend, verbot die Regierung der DDR den jüdischen Gemeinden jede zionistische Betätigung. Einer abenteuerlichen Logik folgend, wurden Faschismus und Zionismus gleichgesetzt und in Antagonismus zur DDR-eigenen Doktrin des Antifaschismus gesetzt. Die offen rassistische Feindschaft gegen Juden wurde so ausgetauscht gegen eine politisch begründete Ablehnung des Staates Israel. (Vgl. dazu: Erica Burgauer: „Zwischen Erinnerung und Verdrängung", S. 168 ff.)

Im Unterschied zur Bundesrepublik lehnte die DDR jede Mitverantwortung an der nationalsozialistischen Vergangenheit ab und sah daher auch keine Verpflichtung, die Überlebenden individuell zu entschädigen. Juden wurden allerdings als „Opfer des Faschismus" anerkannt, was ihnen eine relativ gute Staatspension und einige andere Vergünstigungen einbrachte: Juden besaßen etwas bessere Reise- und Auswanderungsmöglichkeiten. Jurek Becker ist selbst ein Beispiel für diese Politik: er trat 1977 nach der Ausweisung Wolf Biermanns aus dem Schriftstellerverband der DDR aus und erhielt ein auf zehn Jahre begrenztes Ausreisevisum. Im Unterschied zu allen anderen Intellektuellen, die gegen diese Maßnahme protestierten, wurde ihm

Juden als „Opfer des Faschismus": Privilegien ...

gestattet, seine Staatsbürgerschaft zu behalten. Gleichzeitig erhielt er ein Langzeitvisum, das ihm erlaubte, offiziell in Westberlin zu wohnen, leicht in die DDR reisen und sie wieder verlassen zu können. Man bürgerte in der DDR keine Schriftsteller aus, die in der Öffentlichkeit als Juden bekannt waren.

... und Diskriminierung

Diese Privilegien versetzten die Juden in der DDR in eine Außenseiterposition: sie wurden zu Objekten einer herablassenden Fürsorge, Almosenempfänger, die von der Mehrheit der Gesellschaft in einem sinnentleerten Ritual mit pflichtgemäßer Solidarität, Neugier und Distanz betrachtet wurden. Diese Ausgrenzung, gerade in einer nicht rassistisch definierten Gesellschaft, hat einen diskriminierenden Charakter, dem sich der Erzähler in Beckers Roman immer wieder zu entziehen versucht. Seine ständige Weigerung, sich als „Opfer des Faschismus" definieren zu lassen, um damit Privilegien anzunehmen, gehen auf dieses Rollendiktat zurück.

Wandel der Position aus ökonomischen Gründen

Reale Begegnungsmöglichkeiten mit jüdischer Kultur gab es in der DDR kaum: die acht jüdischen Gemeinden zählten in den achtziger Jahren nicht einmal 400 Mitglieder (was 0,002% der Gesamtbevölkerung entspricht), etwa zehnmal so viele Juden bekannten sich nicht zu diesen Gemeinden, vermutlich, weil der religiöse und der nationale Aspekt des Judentums mit der Parteilinie der SED nicht vereinbar war. Eine Änderung in der offiziellen Haltung gegenüber der jüdischen Bevölkerung setzte erst spät ein, als die DDR versuchte, in einem Poker um Verbesserungen in ihren Beziehungen zu den USA die jüdische Karte zu spielen. Um die amerikanische Meistbegünstigungsklausel in den Außenhandelsbeziehungen in Anspruch nehmen zu können, wurden die Fühler auch zu internationalen jüdischen Organisationen ausgestreckt – ihr Einfluß auf die amerikanische Politik wurde offensichtlich vorausgesetzt. Der 50. Jahrestag der „Kristallnacht" 1988 wurde so zum Anlaß für ein symbolträchtiges Projekt, den Wiederaufbau der einsturzgefährdeten Synagogenruine in der Oranienburger Straße Berlins.

Dennoch: es gab in der DDR keine nennenswerte Gruppe von Juden mit eigenständiger Kultur; für die Mehrzahl der Bevölkerung galten sie als lediglich abstrakte Größe, mit der eine Auseinandersetzung schon deshalb unterbleiben mußte, weil Kenntnisse über das Judentum fehlten. Die Folgen dieses Defizits benannte Stephan Hermlin hellsichtig:

Juden als Randgruppe

> „Man kann nicht ein Gegner des Antisemitismus sein, wenn man nicht weiß, was ein Jude ist. Man hat keinerlei Recht, darauf stolz zu sein, daß Kinder nicht mehr wissen, was ein Jude ist. Solche Kinder sind schwerstens gefährdet." (Stephan Hermlin, in: Junge Welt v. 16. 9. 1988)

Jurek Beckers Roman „Bronsteins Kinder" greift ein Tabuthema in der DDR auf, indem er die Schweigemauer um das Verhältnis von deutschen und jüdischen Bürgern durchbricht, die über vierzig Jahre hindurch aufgebaut worden war. Die offizielle Legitimationsgrundlage der realsozialistischen Staatsmacht steht in Frage, wenn die drei ehemaligen KZ-Häftlinge die Justiz der DDR als lediglich opportunistische Gerichtsbarkeit ablehnen.

Tabuverletzung

Die Personen und ihre Beziehungen

Eine geringe Zahl
an Personen

Es ist ein schmales Repertoire an Personen, das auf den beiden zeitlichen Ebenen des Romans auftritt, reduziert auf den nächsten Umkreis des Erzählers: Hans Bronsteins Vater, seine Schwester und seine Freundin Martha. Die übrigen Gestalten – die Freunde des Vaters, Kwart und Rotstein, Marthas Eltern, Rahel und Hugo Lepschitz, der Gefolterte Arnold Heppner, Mitschüler oder auch Marthas neuer Freund sind nur Randfiguren und tragen wenig mehr Bedeutung, als die Zentralfiguren zu konturieren, sie zu kontrastieren oder auch nur die Handlung voranzutreiben.

Jurek Beckers Vorgehen zwingt den Leser, sich auf die Einstellungen und Verhaltensweisen weniger Personen zu konzentrieren und ihrer Entwicklung zu folgen. Das gilt in besonderer Weise für die Zentralgestalt des Romans, den Ich-Erzähler.

1. Hans Bronstein

Umbruchphase

Der Erzähler begegnet den Lesern als junger Mann, der in einer Umbruchs- und Aufbauphase steckt: sein Abitur hat er hinter sich gebracht und wartet nun auf einen Studienplatz in Berlin. Er unternimmt zögerliche Versuche, auf eigenen Füßen zu stehen und ist dabei, die ausgebrannte Beziehung zu seiner Freundin Martha zu beenden und auch der erdrückenden Fürsorge ihrer Eltern zu entkommen. Ein eigenes Zimmer eröffnet ihm dabei die Perspektive für ein selbstverantwortliches Leben; die Wohnungsnot und die staatliche Vergabepolitik von Wohnraum scheinen ihm jedoch einen Strich durch die Rechnung zu machen.

Hans ist nach dem Tod des Vaters vor einem Jahr in tiefe Lethargie und Handlungsunfähigkeit verfallen: „Mein Gott, ich bin nicht der erste, dem ein Vater gestorben ist! Ich schwimme in Selbstmitleid und weiß nicht wohin, das muß anders werden." (S. 230) Er versucht jetzt, die Ereignisse, die zu diesem Tod geführt haben, zu rekonstruieren und zu verstehen, wie er sein eigenes Leben danach gelebt hat. Die Erinnerung erhält durch das Aufschreiben die Form einer Therapie.

**Lethargie
nach dem Tod
des Vaters**

Er ist ein durch und durch rationaler Mensch, der gewohnt ist, in einem argumentativen Diskurs Auseinandersetzungen zu bestehen: rhetorische Übungen, die mit intellektuellem Kalkül strategisch geführt werden, um die Überlegenheit der eigenen Position unter Beweis zu stellen. Die Entdeckung des Gefangenen im idyllischen Waldhäuschen macht jedoch alle Berechnungen zunichte; seine Taktik geht in den Auseinandersetzungen mit dem Vater nicht mehr auf. Hans muß erleben, daß seine Züge in diesem Kommunikationsspiel immer wieder fehlschlagen. Er vermag jedoch nicht den eigentlichen Grund dafür zu erkennen: „Nie wieder wollte ich so blind in eine Diskussion mit Vater hineintaumeln, ohne Argumente, ohne Aussicht auf Erfolg." (S. 82) – so seine Schlußfolgerung, nachdem eines der wenigen Gespräche ohne Annäherung der Positionen „demütigend" für ihn endet.

**Rational-emo-
tionslose Haltung**

Daß Hans mit Argumenten den Vater gar nicht mehr erreichen kann, sieht er nicht. Von ihm dazu erzogen, mit kühlem Kopf Entscheidungen zu treffen, ist er in dieser Ausnahmesituation völlig außer Gefecht gesetzt. Offensichtlich hat er den Vater auch falsch eingeschätzt: Arno ist nicht der „Logikfanatiker", als den Hans ihn gesehen hat; auch die Erziehungsmaxime „ein kühler Verstand sei wichtiger als ein heißes Herz" (S. 28) trifft die aktuelle Situation nicht mehr – ob sie je wirklich auf die Persönlichkeit des Vaters zugetroffen hat oder nicht nur zum Kaschieren seiner inneren Verletztheit diente, muß offen bleiben.

**Fehleinschätzung
des Vaters**

Jurek Becker bezieht in seine Gestaltung des Verhältnisses zwischen den Generationen offensichtlich eigene Erfahrungen mit ein. Auf die intel-

**Autobiographi-
sche Erfahrungen
Beckers**

lektuelle Arroganz des Sohnes eingehend, betont er:

> „Verstehen Sie es bitte nicht als Überheblichkeit, wenn ich sage, daß mein Vater, der ein einfacher Mann war, Mühe hatte, mir gewachsen zu sein. In seinen Augen war ich ein Mittelding zwischen Intelligenzbestie *und* Kindskopf. Es muß aber auch an seiner Erziehung gelegen haben, daß ich rechthaberisch war, daß ich mein ganzes Glück darin sah, mich in der Diskussion durchzusetzen, daß ich ein großer Argumentetüftler war. Wenn ich so einen Sohn hätte – ich würde wahnsinnig werden. Ähnlich die Situation im Roman: Der Vater dort hat anderes im Kopf, als sich der Argumenteflut seines Sohnes entgegenzustemmen. Dieser Belastung ist er nicht gewachsen, und auch daraus erklärt sich seine Schroffheit." (Volker Hage/Jurek Becker: „Hinter dem Rücken des Vaters", S. 336)

Dreiecksverhältnis Vater – Sohn – Tochter

Zwischen Hans und Arno Bronstein besteht offensichtlich schon seit Jahren kein emotional-warmes Verhältnis; ihr Leben spielt sich im Neben-, nicht im Miteinander ab. Die Überforderung des Vaters, nach dem Tod seiner Frau mit dem Kind allein zurechtkommen zu müssen, macht Hans verantwortlich dafür: „Wie erleichtert muß Vater gewesen sein, als mit den Jahren der Zwang nachließ, mich zu versorgen und zu bewachen. Nun, da ich mich endlich selbst beschäftigen konnte, hatte er keine Kraft mehr, sich auch noch um das zu kümmern, womit ich mich beschäftige." (S. 86 f.) Ganz anders dagegen erscheint das Verhältnis zu Elle: um ihre Liebe rivalisieren Vater und Sohn Bronstein. Hans, der es scheinbar genießt, auf sich selbst gestellt zu sein und keine Rechenschaft ablegen zu müssen, sieht im Verhältnis des Vaters zu Elle ein Gefühl von Wärme, das ihm vorenthalten bleibt: „als ich ihn wieder ansah, hatte er seine Tasse abgestellt, hielt Elles Brief in der Hand und las. Ich hatte den Eindruck, daß er jede Zeile zweimal las. In seinen Augen erkannte ich ein Interesse, auf das ich eifersüchtig war. Ich ging in die Küche." (S. 126)

Feindschaft zwischen Arno und Hans

Das unterkühlt-rationale Verhältnis zwischen Vater und Sohn wandelt sich nach der Begegnung im Waldhaus in offene Feindschaft. „Aber du bist mein Feind", stellt Arno Bronstein die Beziehung klar (S. 184), und Hans kennt auch den Anlaß für diese Antipathie: „Als er hörte, daß ich seine arme geliebte Elle in diese Sache hineingezogen hatte, muß er mich gehaßt haben." (S. 195) Hinter dem Haß des Vaters steckt jedoch mehr als die schwierige Konstellation zwischen Vater, Sohn und Tochter; offenkundig wird eine prinzipielle Gegnerschaft, die auf den Umgang der beiden Männer mit ihrer Vergangenheit und ihren Zukunftsvorstellungen zurückzuführen ist.

Hans will ein normales Leben führen und sich mit der Vergangenheit nicht auseinandersetzen müssen. Jüdische Geschichte und Kultur erscheinen ihm dabei lediglich als lästige Bindungen, die ihn in eine Außenseiterposition drängen und so gerade sein Ziel verfehlen: ein unauffälliges Dasein, eine glückliche Beziehung, ein selbstbestimmtes Studium. Jede Sonderrolle lehnt er ab und verweigert sich daher auch den Privilegien, die ihm als Angehörigem der „Opfer des Faschismus" in der DDR zustehen.

Ablösung von jüdischen Traditionen

In dieser Haltung, die im Verlauf des Romans immer stärker bezweifelt wird, drückt sich auch das Selbstverständnis des Autors aus. Jurek Becker bringt die eigene kulturelle Entwurzelung zum Ausdruck, wenn er über seine Auffassung des Judentums schreibt:

Assimilatorische Haltung des Autors

„Die Gesellschaft oder Bekanntschaft von Juden habe ich nie gesucht und nie gemieden. Ob einer, mit dem ich es zu tun bekam, Jude war oder nicht, erfuhr ich, wenn überhaupt, nur zufällig. Wenn jemand mich ausdrücklich darauf aufmerksam machte, ging mir immer die Frage durch den Kopf: Wozu sagt der mir das? Vielleicht war ich sogar ein wenig befremdet. Weil mir schien, als erwarte der betreffende Mensch von mir, daß ich mich nach der Preisgabe seines Judentums anders zu ihm verhalte, als ich es normalerweise getan hätte. (…) Denn die Merkmale, die einen Menschen der Gruppe der Juden zuordnen, scheinen mir ganz und gar willkürlich zu sein, bis auf eine Ausnahme: dieser Mensch *will* zu ihr gehören." (in: Irene Heidelberger-Leonard [Hg.]: „Jurek Becker", S. 18 f.)

Indem er den Ich-Erzähler des Romans die Fragwürdigkeit dieser „Theorie" erleben läßt, setzt sich der Autor auch mit der eigenen Position kritisch auseinander. Hans meint, sich auf die Zustimmung des Vaters verlassen zu können, der ihn in der Ablehnung einer jüdischen Identität erzogen hat und ihn darauf verpflichtet, keine Bevorzugung zu akzeptieren: „Vater hat es verabscheut, als Opfer zu gelten." (S. 52)

Er muß nun, nach der Entdeckung der Folter, sein Urteil über den Vater revidieren und ist damit auch gezwungen, seine Lebenseinstellung in Frage zu stellen. Er erkennt, daß die Erziehungsmaximen des Vaters nicht wörtlich zu nehmen waren, ja, daß die Äußerungen diametral der inneren Einstellung widersprechen: der Vater lebt in einer Welt, die noch immer vom Erlebnis der Ghettosituation geprägt ist. Nur eine scheinbare Gelassenheit hat ihm über dreißig Jahre Nachkriegszeit eine Alltagsexistenz ermöglicht, die doch tatsächlich nur darauf ausgerichtet war, Rache zu nehmen für die Qualen, die den Juden zugefügt wurden.

Revision des Vaterbildes

Abwehr gegenüber der deutsch-jüdischen Geschichte

Hans verweigert sich der Auseinandersetzung mit dem Judentum und nimmt damit eine Haltung gegenüber der Geschichte ein, die Jurek Becker als typisch für Jugendliche in Deutschland überhaupt bezeichnet:

> „Junge Leute wollen von dieser Art Thematik mittlerweile nichts hören, von Faschismus, Krieg und Verfolgung. Und ich wollte gern aus dem Mund jemandes erzählen, der genauso denkt; denn der Erzähler ist ja ein junger Mann dieser Generation, der nichts mit den alten Geschichten zu tun haben will. Sie interessieren ihn nicht, und wenn sie ihm begegnen, fühlt er sich von ihnen belästigt. Ganz abstrakt gesprochen, hat es mich auch gereizt, eine Geschichte zu erzählen, in der jemand gezwungen wird, sich mit einer Sache zu beschäftigen, die ihn nicht interessiert und die doch sein Leben bestimmt. Ich fand diese Perspektive aufregend." (Gespräch mit Marianna Birnbaum, in: Irene Heidelberger-Leonard [Hg.]: „Jurek Becker", S. 94 f.)

Der Konflikt zwischen Vater und Sohn erhält damit ihre eigentliche Dimension in einer unterschiedlichen Sicht der deutschen Geschichte: der Sohn will vergessen, was er nur aus der Erinnerung des Vaters oder dem Geschichtsunterricht kennt, um sich nicht mit der jüdischen Vergangenheit zu belasten. Hans kann nicht nachvollziehen, warum sein Vater auf diese Vergangenheit fixiert ist. Er betrachtet die jüdische Tradition als unbedeutend für das eigene Selbstverständnis und sieht überhaupt keinen Grund darin, sich mit der deutsch-jüdischen Problematik auseinanderzusetzen. Seine Freundin Martha bringt die Verweigerungshaltung auf den Punkt, wenn sie ihm vorhält: „Kaum fängt ein Wort mit Jot an, bricht dir der Schweiß aus. Die wirklichen Opfer wollen andauernd Gedenktage feiern und Mahnwachen aufstellen, und du willst, daß geschwiegen wird. Du bildest dir vielleicht ein, das wäre ein Gegenteil, aber ich sage dir: es handelt sich um dieselbe Befangenheit." (S. 251) Der Vater dagegen will individuelle Rache für seine Verletzungen in der Zeit des Dritten Reichs nehmen. Immer deutlicher wird, daß sein Haß gegenüber der ihn umgebenden Gesellschaft sich auch auf das Verhältnis zu seinem Sohn überträgt. Hans entspricht dem Bild, das sich Arno Bronstein von den Deutschen gemacht hat: nur opportunistisch ausgerichtet, verhalten sie sich den Gegebenheiten entsprechend; sie unterwerfen sich in masochistischer Lust dem jeweils Stärkeren: „Sie kennen nur Befehle. Viele bilden sich ein, daß die Befehle, die man ihnen gibt, ihrer eigenen Meinung entsprechen. Aber wer kann sich darauf verlassen? Befiehl ihnen, Hundedreck zu essen, und wenn du stark genug bist, werden sie Hundedreck bald für eine Delikatesse halten." (S. 130)

Opportunismus wird so für Arno Bronstein zu einem überindividuellen Wesensmerkmal deutscher Mentalität – seine Überzeugung, „in einem minderwertigen Land zu leben" (S. 80) geht zurück auf die Kapitulation 1945. Er ist nicht bereit, den Deutschen – auch nicht denen im sozialistischen Deutschland – zu verzeihen, daß sie den Faschismus nicht aus eigener Kraft besiegt haben, sondern

Opportunismus ...

von den Alliierten befreit wurden. Den Deutschen spricht er damit rundweg die Fähigkeit ab, sich mit der Vergangenheit zu beschäftigen, Schuld anzuerkennen und zu sühnen.

In ihrem Opportunismus findet er eine Einstellung wieder, die auch sein Sohn für sich beansprucht. Er will sich nicht auf Probleme der älteren Generation einlassen, versucht, der persönlichen Verwicklung in die Geschichte zu entkommen. Hans erkennt durchaus den Reiz, der darin liegen könnte, Position zu beziehen und sich damit festzulegen: „Dabei haben mir Leute, die aufbegehren, immer besser gefallen als die ergebenen, und ich hatte nie Zweifel, daß ich einer von ihnen werden würde." (S. 254) Daß er sich anpaßt, um bequemer durchs Leben zu kommen, erkennt er selbst.

... als Folge schulischer Sozialisation

Die Verantwortung dafür schiebt er auf das Schulsystem: „Kein Mensch hatte mich gelehrt, Widerstand zu leisten, niemand hatte mir gezeigt, wie man das macht, was man für richtig hält. In der Schule war ich immer nur ein aufmerksamer Stiller: schon in der ersten Klasse fand ich heraus, wie wunderbar leicht man vorankommt, wenn man den Ansichten des Lehrers folgt." (S. 85) Seine Reaktionen lassen mehr als nur Kritik am grauen Alltag des DDR-Sozialismus erkennen – die Unentschiedenheit im Denken, das Ausbleiben von Handlungen entspricht vielmehr einer normaldeutschen Haltung, die im Westen, so läßt Jurek Becker erkennen, noch viel stärker zu finden ist: dort nämlich finden NS-Verbrecher eine milde Justiz, die ihre Eingliederung in die bundesdeutsche Gesellschaft mehr fördert, als ihre Straftaten zu sühnen (s. S. 80).

Fehlende Betroffenheit

Deutlich wird, daß Hans keine Betroffenheit über den Holocaust spüren läßt und damit auch keinen Zugang zum Herzen und zum Verstand des Vaters finden kann. Grundsätzlich fehlt ihm wohl die Fähigkeit, sich in andere Menschen einzufühlen. Sein Bemühen, jede Situation zu beherrschen, sich Gefühle nicht zu erlauben, läßt ihn in seinen Beziehungen scheitern. Nicht nur das Verhältnis zum Vater, auch das zu Martha geht an dieser Charakterschwäche zugrunde.

Die Folterung des ehemaligen KZ-Aufsehers läuft seinem Rechtsbewußtsein zuwider, weshalb er auch in einem quasi-juristischen Vokabular versucht, sich in die objektive Position eines Richters zu versetzen. Mit vorsichtigen Worten wägt Hans die Schuldfrage ab, um doch zur prinzipiellen Frage vorzustoßen: „Aber war zwischen Tat und Gegentat nicht so viel Zeit vergangen, daß ein Affekt als mildernder Umstand nicht mehr in Frage kam? Darf einer, der mit dreißig Jahren geschlagen wird, mit sechzig zurückschlagen?" (S. 33)

Er selbst weigert sich, Position zu beziehen und führt darauf auch die eigene Oberflächlichkeit zurück: nie, schreibt er, sei es ihm „gelungen, mich in etwas zu vertiefen, überall habe ich nur kurz herumgestochert und bin bald weitergezogen, als wäre es ein Schaden, sich allzu lange mit ein und derselben Sache zu beschäftigen" (S. 87). Seine Unstetigkeit, die mangelnde „Lust am Verweilen" (S. 123) wirft ihm auch Elle vor. Zurückzuführen ist sie wohl auf die Orientierungslosigkeit, eine Folge der nicht akzeptierten Vergangenheit und der ebenso ausgeblendeten Probleme in der Gegenwart.

Die innerlich unbeteiligte Haltung des Sohnes ist ein Auslöser für die „Todfeindschaft" Arno Bronsteins. Weniger drastisch als seine Romanfigur beurteilt dagegen der Autor selbst den Mangel an Überzeugung. Für ihn ist der Versuch, ein normales Leben zu führen, vielmehr Teil einer Überlebensstrategie im Alltag:

> „Ich finde es nicht schädlich, eine bestimmte Art von Zufriedenheit anzustreben, mit seinen Umständen auskommen zu wollen; ein Teil jeder Existenz ist Anpassung, anders läßt sich wahrscheinlich gar nicht leben. Der Rund-um-die-Uhr-Rebell, der, der rund um die Uhr die Umstände nicht akzeptiert, wird in frühem Unglück eingehen. Jeder muß für sich die Grenzen ziehen. Wie weit er Grenzen festlegt, wie weit er im Akzeptieren geht, und wo das Inakzeptable anfängt – das kann naturgemäß nicht für jeden dasselbe sein." (Heinz Ludwig Arnold: „Gespräch mit Jurek Becker", S. 7)

Oberflächlichkeit

Vater und Sohn stehen einander mit unterdrückter Aggressivität gegenüber: Hans reagiert auf die Ausnahmesituation des Vaters mit provozierender Gleichgültigkeit; Arno verbittet sich Ratschläge seines Sohnes mit beißender Ironie. Nichts kann die Verletzungen beider mildern, die allenfalls durch Sarkasmus und Distanz überdeckt werden. Zum Symbol dieser Kluft zwischen den Generationen wird die unterbrochene Verbindung zwischen den Zimmern: „Zwischen meines Vaters und meinem Zimmer gab es eine nie benutzte Tür, die von seiner Seite mit einem Bücherregal und von meiner Seite mit einem Kleiderschrank verstellt war." (S. 218)

Trotz der Distanz zwischen Hans und Arno Bronstein scheint es, als ob der Sohn von der Tat des Vaters infiziert wird, dessen Aggressivität auch bei ihm einen Ausbruch von Gewalttätigkeit nach sich zieht. Unter der Anspannung der Prüfungssituation und noch unter dem Eindruck der Szene im Waldhaus am Abend zuvor kommt es im Hallenbad der Schule zu einer Überreaktion: Hans schlägt einen Mitschüler blutig, da dieser ihn hartnäckig darauf aufmerksam gemacht hat, daß er gegen die Hygienevorschriften verstoßen habe.

Direkt danach versucht Hans, sich sein unbeherrschtes Verhalten zu erklären, das völlig im Widerspruch zu seiner Selbsteinschätzung steht: „Wodurch war ich in einen Zustand geraten, in dem es einem gewöhnlichen Kläffer gelang, mich um die Beherrschung zu bringen?" (S. 44) Als „besonnener Typ" gilt er im übrigen auch bei seinen Klassenkameraden, so bei seinem „Halbfreund" Werner Klee (S. 151). Die Erklärung, die Hans findet, beunruhigt, weil sie ihn in eine Richtung treibt, die er eigentlich vermeiden möchte: daß er nämlich in gleicher Weise reagiert wie der Vater, von einer Krankheit befallen, deren „Inkubationszeit" möglicherweise Jahre beträgt (S. 44). Er liegt mit diesem Versuch, sein Handeln zu verstehen, gar nicht falsch, obwohl er seinem Entsetzen darüber einige Ironie beimischt. Denn tatsächlich hat ihn an seinem Mitschüler eine Eigenschaft irritiert, die Arno Bronstein den Deutschen generell zuschreibt: „Plötzlich hatte ich das Empfinden, daß er ein Schuldiger war: einer von denen, die gern peinigen und nur dann Ruhe geben, wenn sie an einen Stärkeren geraten." (S. 42)

Der Prozeß, der das Denken und Verhalten von Hans immer stärker verunsichert, wird weiter vorangetrieben durch das großzügig-nachlässige Verzeihen, zu dem der Mitschüler sich bereitfindet, weil ihn der Lehrer darauf verweist, daß Hans als Jude möglicherweise Grund zur Aggressivität gehabt haben könnte. Ein Entgegenkommen, das auf Hans nur bedrückend wirkt, weil ihm erneut seine Sonderstellung in der Gesellschaft vor Augen geführt wird – er, der sich in seinem bisherigen Leben stets darum bemüht hat, nicht als Außenseiter zu gelten.

Ablehnung einer Sonderrolle

Es wird ihm im Verlauf der Handlung mehrfach vorgehalten, daß er Position beziehen müsse: die Entdeckung der Folter stellt ihn vor die Alternative, bewußt seine Rolle als Jude in der deutschen Gesellschaft zu akzeptieren oder sie zu verleugnen. Kwart rät ihm dazu: „Du solltest dir überlegen, zu wem du gehörst. Wenn du das beantworten kannst, erübrigen sich viele Fragen." (S. 139) Auch seine Schwester ist dieser Ansicht: „Dieser fremde Unmann oder unser Vater / es gibt dabei Nichts Drittes / da kann es dir Nicht schwer fallen zu entscheiden..." (S. 282)

Seine Ratlosigkeit bleibt jedoch bis zum Schluß des Romans bestehen. Hans spürt, daß der Vater sich übernommen hat und findet dennoch keinen Weg, ihn aus seiner Selbstüberforderung herauszuholen. Einige seiner Lösungsversuche erscheinen derart hilflos, daß sie weniger für völlige Verzweiflung sprechen – wofür es kaum Anzeichen gibt –, sondern als halbherzige Versuche wirken, die Folter zu beenden, wie etwa der Plan, einen Erpresserbrief zu entwerfen oder eine ehemalige Klassenkameradin zu ködern, deren Vater Rechtsanwalt ist. Sie lassen die unentschiedene Haltung Hans Bronsteins erkennen, der eingreifen will, ohne sich zu sehr zu exponieren oder tatsächlich Position zu beziehen: der opportunistische Komplex schlägt auch hier wieder durch.

Halbherzige Lösungsversuche ...

Hans versucht, sich aus der Konfliktsituation herauszulavieren, indem er von Anfang an auf Notlügen baut oder die Wahrheit verschweigt. Er erkennt das selbst, ohne sich aus den Verstrickungen befreien zu können, die er selbst geschaffen hat: „mein Verhalten bestand nur noch aus Heimlichkeiten, Vertrauensbrüchen, Lügen, und bei allem wurde ich erwischt, keine einzige Entlarvung blieb mir erspart." (S. 200)

Auch Martha gegenüber verschweigt Hans die Wahrheit und legt damit den Grundstein für das Scheitern ihrer Beziehung. Entscheidet er sich zunächst aus eigensüchtigen Gründen dafür, ihr nichts vom Geschehen im Waldhaus zu berichten – wie könnte sie sonst noch mit ihm schlafen? –, entwickelt sich aus diesem Verschweigen eine Eigendynamik. Zwischen den beiden entsteht ein Vertrauensbruch, den Martha von Anfang an spürt und der immer stärker das Verhältnis belastet. Sie macht sich ihren eigenen Reim auf die offensichtlicher werdenden Unstimmigkeiten und wirft Hans seine Lügen vor, als er sich gegen ihre Interpretation der Ereignisse rechtfertigt (S. 169 f.). Er versucht sich herauszuwinden, indem er ihr „jüdische Spitzfindigkeiten" vorhält – ein Vorwurf, der zeigt, daß er an einer verwundbaren Stelle getroffen wurde: wie durch das Verhalten des Vaters im Waldhaus, des Lehrers im Schwimmbad, so wird er auch durch die Vorhaltungen Marthas genötigt, Eigenschaften an sich zu erkennen, gegen die er sich bislang stets gesträubt hatte. Wie der „Andorranische Jude" Max Frischs wird er von seiner Umwelt auf ein Bild festgelegt, nach dem er sich in der Folge selbst orientiert.

Verschärft wird der Konflikt zwischen Hans und Martha noch durch die erste Rolle, die sie in einem Film übernimmt: sie spielt eine Jüdin während der NS-Zeit. Die Rolle hat sie erhalten, weil sie Jüdin ist und so aussieht, wie man sich geheimhin eine Jüdin vorstellt: „Sie nannte Gründe über Gründe, warum man sie für diesen Film engagierte, nur nicht den einen offenkundigen: daß sie aussah, wie Herr Minge sich eine Jüdin vorstellte. Ich konnte seine Not verstehen, junge Jüdinnen sind eine große Seltenheit, und da schneite ihm Martha ins Haus." (S. 113)

In den Augen ihres Freundes verkauft sie damit jedoch ihr jüdisches Aussehen wie eine Ware: Martha übernimmt bewußt die Rolle eines „Opfers des Faschismus" und stellt sich damit seiner grundsätzlichen Haltung entgegen, keine Sonderrolle zu akzeptieren. Hans spricht verächtlich von einem „nichtswürdigen Unternehmen" (S. 210), an dem sie sich beteilige. Daß sie immer wieder, um ihn zu ködern, auf das Geld verweist, das sie durch ihre Komparsenrolle verdient, bestärkt ihn noch in seiner Antipathie. Indem sie Klischeevorstellungen über die Juden in diesem Film bestätigt und dafür auch noch bezahlt wird, vertieft sie nur die Rollenerwartungen der Gesellschaft und trägt damit zur Ausgrenzung der Juden bei. Eine individuelle Gestaltung oder neue Aspekte der deutsch-jüdischen Geschichte sind in diesem Unternehmen gerade nicht vorgesehen: „Man hatte schließlich schon davon gehört, daß es den Juden damals schlecht ergangen ist, auch davon, daß die Nazis unangenehme Menschen gewesen sind, und etwas anderes kam in dem Film nicht vor." (S. 210)

Daß Martha schließlich beim Film einen neuen Freund findet, ihren Studienplatz wechselt und an der Schauspielschule beginnt, ihr Aussehen und ihr Verhalten ändert, ist, an diesem grundsätzlichen Konflikt gemessen, nur noch zweitrangig. Hans erlebt, daß er zwischen allen Stühlen sitzt und durch die Ereignisse in Isolation gerät, nicht zuletzt deshalb, weil er mit niemandem mehr sprechen kann. Zielvorstellungen, die er als unbeschwerter, liebeshungriger Abiturient hatte, sind der Perspektivlosigkeit gewichen. Auch nach der Zusage eines Studienplatzes für Philosophie betreibt er die Zimmersuche nur halbherzig; erst die entschlossene Unterstützung Marthas – die sich damit auch den ehemaligen Liebhaber vom Hals schafft – bringt ihn am Rande des Romans auf den Weg aus der verfahrenen Situation.

Seine Handlungsunfähigkeit resultiert aus dem Zerfall aller Beziehungen, die ihn bis zu den Vorfällen im Sommerhaus getragen haben: dem Tod des Vaters, der Entfremdung von Martha, der gewachsenen Distanz auch zur Schwester. Er wird mit Konflikten befrachtet, die seine bisherigen Überzeugungen fragwürdig erscheinen lassen, und soll Entscheidungen treffen, die ihn überfordern. Verständlich erscheint daher sein Wunsch, in Ruhe gelassen zu werden. Er versteckt sich hinter einer Position der Unnahbarkeit und gibt in emotionalem Understatement vor, die Ereignisse zu rationalisieren. Mit nüchtern-sachlichem oder ironischem Unterton versucht er, seine Hilflosigkeit zu kaschieren: „Was die anderen mit ihren Gefühlen leisten, würde ich sagen, das möchte ich mit dem Verstand erledigen. In Zukunft kann mir sterben wer will, noch so ein Jahr wird mir nicht mehr passieren." (S. 8)

Ein offenes Ende Er beschwört damit seine innere Verfassung mehr, als daß er Auskunft über sie gibt. Unter der dünnen Oberfläche herrschen – wie etwa in Christoph Heins Novelle „Der fremde Freund" („Drachenblut") – Verzweiflung und Sehnsucht nach Nähe. Hans steckt in einer Lebenskrise, deren Ende nicht absehbar ist. Ob er sich am Ende des Trauerjahres aus seiner Lethargie lösen kann, er aus den Ereignissen gelernt hat, bleibt offen. Die äußeren Möglichkeiten jedenfalls – eine neue Umgebung, der Studienbeginn – werden ihm geboten. Der Prozeß einer inneren Verarbeitung scheint jedoch noch nicht abgeschlossen.

2. Arno Bronstein

Aron / Arno Kommentarlos wird der Vater mit dem Vornamen „Arno" eingeführt, der vermutlich wie bei der zentralen Figur des thematisch vorhergehenden Romans von Jurek Becker „Der Boxer" (1976) auf den jüdischen Namen „Aron" zurückweist. Die Verdrehung der beiden letzten Buchstaben läßt erkennen, daß der Vater in den Nachkriegsjahren bewußt versuchte, sich den deutschen Verhältnissen anzupassen und seine jüdische Identität abzustreifen. Dazu paßt, daß Arno Bronstein – wie Arno Blank in „Der Boxer" – nach dem Krieg als Schieber in großem Stil arbeitete; nicht als kleiner Gauner, der sich auf dem Schwarzmarkt durchschlägt, sondern mit einträglichen Deals im Ost-West-Geschäft. Es ging, wie Hans Bronstein andeutet, darum, die westliche Embargo-Politik, d. h. das Ausfuhrverbot strategisch wichtiger Güter in Länder des Ostblocks, zu umgehen: „Er muß Waren, die westliche Händler nicht in den Osten liefern durften, gekauft und über die Grenze geschafft haben, zum Beispiel Stahl." (S. 18)

Arnos Einsatz zeugt von einigem kriminellen Sachverstand; er war die Grundlage für seinen Wohlstand und damit auch den Erwerb des Sommerhauses. Wesentlich war sein Engagement aber in der Sorge um die Tochter begründet: ihre psychische Verstörung nach dem Krieg verlangte eine langwierige, kostspielige Behandlung, die er nur durch illegale Geschäfte bezahlen konnte: „Vermutlich hat er seine dunklen Nachkriegsgeschäfte wegen Elle angefangen, er brauchte Beziehungen und Geld, um sie zu all den Ärzten zu schleppen, die ihm als Spezialisten angepriesen worden waren." (S. 37) Seine Tätigkeit bleibt hier allerdings vergeblich: Elle hat als Kind während des Dritten Reichs in ihrem Versteck bei hartherzigen mecklenburgischen Bauern einen unheilbaren Schaden erlitten; sie wird für immer in einer psychiatrischen Anstalt leben müssen.

Engagement für die Tochter

Nach der Befreiung aus dem Konzentrationslager versuchte Arno Bronstein offensichtlich, sich dem Leben unter Deutschen anzupassen und einen jüdischen Sonderstatus zu vermeiden. In seiner Vorstellung gab es keine jüdische Identität. Er redete sich ein, Jude zu sein, sei eine Frage von Rollenerwartungen und Gruppenzwängen, sich als Jude zu definieren, lediglich eine Reaktion auf die Haltung der Umwelt. Diese „Theorie" möchte Arno Bronstein seinem Sohn vermitteln, wenn er als Erziehungsmaxime vorgibt: „Es gebe überhaupt keine Juden. Juden seien eine Erfindung (...) Die Erfinder hätten ihr Gerücht mit so viel Überzeugungskraft und Hartnäckigkeit verbreitet, daß selbst die

Assimilationsversuch Arnos

Betroffenen und Leidtragenden, die angeblichen Juden, darauf hereingefallen seien und von sich behaupteten, Juden zu sein." (S. 48)

Jüdisches Selbstverständnis siegt

Seine Position erweist sich jedoch als unhaltbar. Lange, bevor Hans etwas davon bemerkt, hat sein Vater offensichtlich diese Assimilationsillusion aufgegeben. In einem unvorbereiteten Moment wird der Sohn darauf gestoßen, daß die Verweigerung der jüdischen Identität nur vorgeschoben ist, Arno Bronstein dahinter sein Selbstverständnis als Jude bewahrt hat. Von einem Treffen mit Martha nach Hause zurückgekehrt, nimmt Hans eine Besprechung des Vaters mit den beiden anderen Freunden wahr. Er belauscht sie und muß erkennen, daß er mit einer ganz anderen Welt konfrontiert wird. Die drei verkehren untereinander in einer eigenen Sprache, sie unterhalten sich auf Jiddisch. Hans fühlt sich „betrogen" (S. 221): sein Vater hat ihm nicht nur verschwiegen, daß er sich in der Sprache der Juden ausdrücken kann; auch der Inhalt des Gesprächs – Krieg und Lagererlebnisse, nicht etwa die aktuelle Entführung des KZ-Aufsehers – macht deutlich, daß Arno Bronstein noch immer in der Welt des Holocaust lebt und damit nicht nur in größter Distanz zu den Deutschen, sondern auch entfernt von seinem Sohn, den er gerade zur Anpassung an seine Umwelt erzogen hat. Das Gefühl, alleingelassen, in all seinen Erziehungsidealen betrogen worden zu sein, bestimmt daher das Verhältnis von Hans zu seinem Vater. Zum Standpunkt Arno Bronsteins gehört auch die konstante Weigerung, sich als „Opfer des Faschismus" zu verstehen; für Hans ist diese Haltung von Kindesbeinen an zur Selbstverständlichkeit geworden. Da selbst eine positive Diskriminierung eine Form von Ausgrenzung darstellt, lehnen beide die Privilegien der DDR-Gesellschaft ab.

Unvermutete Aggressivität

Um so unverständlicher muß der unvermutete Ausbruch von Gewalttätigkeit Hans treffen, als er zum Sommerhaus fährt, um dort auf die Freundin zu warten. Arno Bronsteins Haß und Verachtung gegenüber den Deutschen waren nach außen hin nicht erkennbar. Über dreißig Jahre von einer scheinbaren Normalität verborgen, erweisen sich seine Aggressivität und Mitleidlosigkeit jetzt als unaufhebbar. Um den Vater zu verstehen, liest Hans am Abend nach der Entdeckung in einem Lexikon nach, was unter dem Stichwort „Neuengamme" verzeichnet ist. Wie ein Gutachter studiert er die Fakten, lernt die Zahlen auswendig, um zu dem Ergebnis zu kommen: „Selbstverständlich mußten sie Aufseher hassen" (S. 32). In dieser trivialen Rationalisierung meint er, eigene Konsequenzen vermeiden und sich der Deformation des Vaters nähern zu können – und erreicht doch nichts davon.

Argumenten gegenüber ist der Vater nicht zugänglich, da er, noch immer von den Verletzungen der Nazi-Diktatur geprägt, seine Privatrache durchsetzen will. Er leugnet schlicht, daß sich im Verhalten der Deutschen Juden gegenüber etwas geändert haben könnte, lediglich der Zwang der Siegermächte habe sie zur Anpassung genötigt. Systemunterschiede läßt er in seiner Philippika nicht gelten: das „deutsche Gesindel" (S. 80) sei in der Deutschen Demokratischen Republik so wenig wie in der Bundesrepublik vertrauenswürdig. Auf die Vorhaltung seines Sohnes, daß er die Deutschen eben nicht leiden könne, antwortete Arno Bronstein lapidar „Kunststück" (S. 130).

gegenüber dem „deutschen Gesindel"

In einer Art Partisanenaktion haben die drei alten Männer den ehemaligen KZ-Aufseher Arnold Heppner entführt und halten ihn wie in einem „Volksgefängnis" linksterroristischer Guerillabewegungen gefangen. Arno selbst ist der Folterknecht: er führt die Verhöre, schlägt und peinigt ohne Skrupel den Verschleppten. Die Legitimation für seine Selbstjustiz findet er in der Auffassung, das eigene brutale Vorgehen sei nichts anderes als die Wiederherstellung des Rechts, eine notwendige Vergeltungsmaßnahme der Opfer des Dritten Reichs an einem Kollaborateur der Macht.

Selbstjustiz

Wie ein Besessener arbeitet Arno an der Vollstreckung seiner Privatrache; er will den ehemaligen Aufseher zwingen, die Beteiligung an Menschenrechtsverbrechen zu gestehen. Daß er sich bei seiner scheinbaren Pflicht übernimmt, bemerkt er nicht. Der Terror geht über seine Kräfte. Arno Bronstein steigert sich in diesen Wahn derart hin-

Überschätzung der eigenen Kräfte

ein, daß für eine reale Einschätzung der Situation kein Platz mehr ist, er auch keine Rücksicht auf seinen Körper mehr nimmt und anfängt zu trinken. Am Ende wirkt er innerlich leer und ausgebrannt: „dabei liefen ihm Tränen übers Gesicht. Ich fand, daß er eher gequält als fröhlich aussah, und wenn er bei diesem Lachen fotografiert worden wäre, hätte man ihn auf dem Bild bestimmt für einen Weinenden gehalten." (S. 270) Sein Tod während eines erneuten „Verhörs" am folgenden Tag erscheint nur noch folgerichtig. Arno Bronstein bezahlt mit seinem Leben für den Versuch, die Verbrechen des Dritten Reiches aus eigener Kraft zu ahnden.

„Opfer des Faschismus"

So stirbt er, der ehemalige KZ-Insasse, noch Jahrzehnte nach der Herrschaft der Nationalsozialisten als ein „Opfer des Faschismus", auch wenn er sich noch so sehr gegen diese Kategorisierung wehrt. Im Versuch, selbst das Heft in die Hand zu nehmen, wird er zum Täter. Ihm entgeht dabei, daß er, um sein Ziel zu erreichen, die Methoden der Faschisten übernehmen muß. Das Scheitern seiner Selbstjustiz, in der er als terroristischer Richter, Staatsanwalt und Vollstrecker in einer Person auftritt, wird auch zum Symbol einer Deformation der Opfer überhaupt. Auf den gesellschaftlichen Aspekt dieses Rollenwechsels verweist Jurek Becker:

> „Opfer sein, heißt aber auch: deformiert sein. (...) Ich entdecke zum Beispiel am Staat Israel Häßlichkeiten, die sich nur aus dieser Entwicklung verstehen lassen. Man nimmt sich dort Rechte heraus, die auch aus der Vergangenheit der Juden nicht abzuleiten sind. Etwas Ähnliches beschrieb ich auf privater Ebene in diesem Buch. Es wäre ja sehr einfach, wenn man seine Vorstellungen durchsetzen könnte, indem man jene, die gegen diese Vorstellungen sind, eliminieren würde. Natürlich muß ich mir dann die Frage stellen: Wenn Faustrecht herrschen würde – wie oft wäre ich dann schon eliminiert worden." (Volker Hage/Jurek Becker: „Hinter dem Rücken des Vaters", S. 337)

3. Elle Bronstein

Jurek Becker weist bereits im Titel seines Romans
der Tochter Arno Bronsteins eine zentrale Funktion
zu: auch wenn Hans als Erzähler die Hauptrolle in
diesem Tableau spielt, Elle nur in einem Neben-
strang der Handlung auftritt, ist sie doch im Hintergrund von maßgeblicher Bedeutung für die Entscheidungen der Familie. Sie lebt zwar abgeschlossen von der Außenwelt in einer psychiatrischen Anstalt, weil ihre sporadisch auftretende Aggressivität
unkontrollierbar ist und ihre Mitmenschen gefähr-
det, aber ihr Einfluß geht über die Anstaltsmauern
hinaus. Für den Bruder bietet sie den einzigen Halt,
den er in dieser Zeit finden kann.

Die abnorme Aggressivität Elles geht zurück auf
den ganz alltäglichen Faschismus im Dritten Reich.
Bei Bauern versteckt, die ihren materiellen Gewinn
aus der Judenverfolgung ziehen – „Meine Eltern
hatten Elle, als sie drei Jahre alt war, zu einer
Bauernfamilie nach Mecklenburg ins Versteck gegeben, wofür sie so viel zahlen mußten, daß an ein
eigenes Versteck nicht mehr zu denken war"
(S. 223) –, überlebt sie zwar, mental aber ist das
Kind durch die Behandlung dort geprägt. Was sie
bei den Bauern erlebt hat, ist unbekannt, die hab-
gierige, mitleidlose Geldforderung nach dem Ende
des Krieges weist jedoch darauf hin, daß sie als
bloße Kostgängerin betrachtet wurde (s. S. 37).

Erst als Elles Verstörung keine Aussicht auf Besse-
rung zuläßt, entscheiden sich die Eltern für ein
zweites Kind. Die Geburt von Hans ist damit direkt
an die Verfolgung der Juden und in spezieller Weise
an die psychische Belastung der Opfer nach der
Kapitulation in Deutschland geknüpft: „Ich meine:
wenn Elle ein sogenanntes normales Mädchen gewesen wäre, dann hätten meine Eltern nicht beschlossen, neunzehn Jahre nach ihrem ersten Kind
ein zweites in die schwarze Welt zu setzen. In Wirklichkeit habe ich drei Eltern, Vater, Mutter und Elles Verwirrung, und zwei davon leben nicht mehr."
(S. 161) Unterstrichen wird die mütterliche Einstellung Elles zu ihrem Bruder dadurch, daß sie

59

ihm den Namen gibt: „weißt du eigentlich daß ich es war / die den Namen Hans für dich gefunden hat" (S. 284). Auch für Hans verbindet sich der Eindruck der Schwester mit dem der Mutter, die in seinen Träumen immer „Elles Gesicht" erhält (S. 61).

Autismus oder bewußter Rückzug aus der Welt?

Vage und nicht völlig durchschaubar bleibt, ob sich Elle autistisch in ihrer eigenen Welt bewegt und nur in seltenen Augenblicken sich der Wirklichkeit außerhalb der Anstalt öffnet, oder ob sie sich von der sozialen Umwelt bewußt zurückzieht, um über ihre innere Freiheit verfügen zu können. Die Einschätzung, die Hans, Arno Bronstein oder Martha über sie abgeben, unterscheidet sich wesentlich. Für den Vater ist sie ausschließlich das Opfer faschistischer Gewalt, das zu leben und zu schützen er mit aller ihm zur Verfügung stehenden Kraft übernimmt – auf Kosten seines Sohnes, der die Einseitigkeit der väterlichen Liebe ironisch konstatiert (s. S. 195). Arno Bronstein reagiert eifersüchtig, als er erfährt, daß Elle seinem Sohn und nicht ihm schreibt; Hans wird zu seinem „Todfeind", weil er versucht, die Schwester auf seine Seite zu ziehen. Verständlich wird das Verhalten des Vaters aus dem tief verwurzelten Schuldgefühl, sein Kind nicht vor der Brutalität des Faschismus geschützt zu haben. Seine rücksichtslose Privatrache gegenüber dem einzigen Komplizen der nationalsozialistischen Macht, den er in die Finger bekommen kann, läßt sich wohl auch auf dieses Gefühl zurückführen, eine versäumte Aufgabe nachzuholen, die Verletzung seiner Tochter noch nach Jahrzehnten ahnden zu müssen.

Elles Bösartigkeit

Hans sieht ihre Gemütskrankheit rationaler; er erkennt durchaus auch Elles Bosheit und kriminelle Intelligenz, wenn es darum geht, Personen aus ihrer Nähe zu entfernen, die ihr nicht passen. Ihre Aktion gegen eine der Schwestern in der Anstalt lassen das einfache politische Erklärungsmuster des Vaters fragwürdig erscheinen (s. S. 232 ff.). Hans vermutet daher auch, daß die Schwester mit ihrer Krankheit „kokettiert" und sie bewußt einsetzt, um geliebt zu werden (S. 231). Ihre Ausbrüche von Aggressivität sind auch für ihn auf die

Ereignisse in der Zeit des Dritten Reichs zurückzuführen. Selbst wenn er sich hier vage ausdrückt und lediglich auf die allgemeine Einschätzung verweist: „Alle vermuten, daß Erlebnisse während des Krieges der Grund für ihr Verhalten sind, doch deckte bis heute niemand diesen Zusammenhang auf." (S. 37) Als Indiz dafür könnte die Tatsache gelten, daß Elle allein Kinder von ihrer Aggressivität verschont, weil sie offensichtlich mit den Verbrechen der Nationalsozialisten nichts gemein haben. Elle greift ihren Opfern stets „mit den Fingern in die Augen" (S. 37), möglicherweise ein Bild dafür, daß sie mit diesem drastischen Mittel versucht, den Menschen die Augen für ihre eigene Verantwortung zu öffnen.

Martha geht dagegen davon aus, daß Elle nur angeblich nervenkrank sei, sie sieht in ihr eher ein Opfer der Psychiatrie als eine Geistesgestörte: „Sie sagte, sie fände es unbegreiflich und skandalös, daß ein so heller Mensch (...) in diesem Heim verschimmeln müsse." (S. 36 f.) Marthas Vermutung, daß Elle mit klarem Bewußtsein auf die Probleme ihrer Umwelt zugeht, wird gestützt durch die Briefe, die sie ihrem Bruder schreibt: sie bezieht darin ganz bewußt Position, schreibt in ihrer eigenen, ungewöhnlichen, aber sehr klar konturierten Sprache und zeigt eine präzise Einsicht in die Lebensverhältnisse ihres Vaters wie ihres Bruders.

Marthas Einschätzung

Diese Einschätzung Elles vertritt auch der Autor, der in einem seiner Interviews ihre vorgebliche psychische Erkrankung betont:

Einsichten jenseits der Normalität:

> „Zum dritten bin ich Leuten begegnet, die, wie andere sagten, nicht ‚normal' sind und die sich auf eine Weise scharfsinnig ausdrückten, die mir unerhört vorkam. (...) Eine Person, die scheinbar unnormal ist, drückt sich in einer, wie ich finde, sehr kurzschlüssigen, sehr einleuchtenden und sozusagen neben der normalen Menschensprache stehenden Sprache aus." (Heinz Ludwig Arnold: „Gespräch mit Jurek Becker", S. 14)

Gerade durch ihre Absonderung von der „normalen" Gesellschaft gelangt Elle zu Einsichten, die weit über sie selbst hinaus Gültigkeit beanspruchen können. Ihr wird die Möglichkeit gegeben, das Wahnsinnige auszuleben, ohne dafür belangt werden zu können; auch die skrupellosesten Reaktionen ihres Vaters noch zu verstehen und dennoch zu ihrem Bruder zu halten, der die Vergangenheit wie einen überflüssigen Ballast von sich weisen will.

ein klassisches Thema der Literatur

Normalität und Wahnsinn nicht voneinander zu trennen, sich der Krankheit „Gesellschaft" zu entziehen, um von einer Warte außerhalb der Erwachsenenwelt den Anspruch auf Wahrhaftigkeit zu artikulieren, gehört zu den klassischen Themen der Nachkriegsliteratur. Becker hätte etwa auf „Die Blechtrommel" von Günther Grass (1959), auf Thomas Bernhards Roman „Verstörung" 1967, die Theaterstücke von Friedrich Dürrenmatt „Die Physiker", 1962 und Peter Weiss „Die Verfolgung und Ermordung Jean Paul Marats..." (1964/65) oder den ein Jahr vor „Bronsteins Kinder" erschienenen Roman seines Ostberliner Kollegen Christoph Hein, „Horns Ende", verweisen können, in dem Marlene, die geistesgestörte Tochter des Museumsmalers, gerade durch ihre Beschränktheit zur überlegenen Figur wird.

Der Autor nennt statt dessen vor allem für die Sprache seiner Figur zwei literarische Vorbilder: den geistesgestörten Dichter Alexander März, über den Heinar Kipphardt geschrieben hat, und das Lebenswerk des Schweizer Autors Robert Walser, der von 1928 bis zu seinem Tod 1956 in der Heilanstalt Waldau lebte, um einer Freiheit zu entkommen, die ihm immer unerträglicher wurde:

> „Dann habe ich mich längere Zeit ziemlich intensiv beschäftigt mit dem Leben des Autors Robert Walser, der fünfzig Jahre in einer Nervenheilanstalt gelebt hat. Und ich sehe zwischen dieser Existenzform und vielem, was er geschrieben hat, einen sehr deutlichen Zusammenhang. Das hat mich als Phänomen einfach fasziniert; nicht als Arbeitsaufgabe. Und jetzt habe ich mit dieser ‚Hans'-Geschichte dagestanden und versucht, mir eine Figur zu erfinden, bei der Hans sozusagen mit offenem Visier antritt, ohne Rücksichten, ohne Kalkül, zu der er sich hingezogen fühlt; und da bin

ich auf diese Person gekommen, die auf eine etwas andere Weise redet als sie schreibt." (in: Karin Graf / Ulrich Konietzny [Hg.]: „Jurek Becker", S. 73 f.)

Aus ihrer Außenseiterposition wird Elle zu einer wertenden Instanz zwischen Vater und Sohn. Sie toleriert das Verhalten ihres Vaters und stellt Hans vor eine klare Alternative: „Der Augenblick liegt erst noch vor dir / in dem du tust was du tun mußt / erst dann aber stellt sich heraus / ob du ein Blauer bist oder ein Gelber" (S. 282). Den Kompromiß, den der Bruder zu erreichen versucht – den Vater zu retten und sich dennoch seiner jüdischen Vergangenheit zu verweigern –, gibt es für sie nicht. Sie verlangt einen eindeutigen Standpunkt, dessen Einlösung sie kategorisch einfordert; den Tod des alten KZ-Aufsehers nimmt sie dabei mitleidlos in Kauf.

Bereits zuvor hat sie entscheidend in die Ereignisse eingegriffen, als sie dem Vater vom Besuch ihres Bruders berichtet und damit die „Todfeindschaft" ausgelöst hat. Zwar beteuert sie: „du brauchst aber keine Angst zu haben / ich habe Dich nicht verraten / ich war geschickt wie eine alte Lügnerin" (S. 192), aber Hans traut ihr nicht über den Weg. Er weiß, sie kann „boshaft und hinterhältig" (S. 236) werden. Daß Elle nicht in naiver Weise den Vater informiert hat, wird im letzten Satz des 18. Kapitels deutlich, wenn sie den nur mühsam beruhigten Bruder fragt: „Hast du denn keine Angst, daß ich ihm wieder alles erzählen tu?" (S. 239) Sie treibt damit das Verhältnis von Vater und Sohn auf die Spitze; es scheint, als wolle sie eine klare Haltung der beiden erzwingen. Ihr unerbittliches Urteil trägt letzten Endes zum Tod Arno Bronsteins bei, wenn sie Hans davon abhält, in das Folterverhör einzugreifen.

Elle ist sich ihrer Überzeugung sicher, denn sie glaubt, daß sie den „Mittelpunkt der Welt" kennt: er liegt im Park der Anstalt, an einer entlegenen Stelle, zu der sie Hans führt (S. 159). Ihre Orientierungsfähigkeit steht in deutlichem Kontrast zur Unlust des Bruders, sich auf einen Standpunkt

Elle zwischen Vater und Bruder

Der „Mittelpunkt der Welt"

festzulegen. Die eindeutige Lokalisierung dieses Fixpunktes außerhalb der „normalen" menschlichen Gesellschaft an einem individuell gewählten Ort der psychiatrischen Anstalt verweist jedoch bereits darauf, wie problematisch es ist, sich auf diese Orientierung zu verlassen.

4. Martha Lepschitz

Marthas Emanzipation

Die Entwicklungslinien in der Beziehung von Hans und Martha laufen diametral auseinander: während er sich immer mehr zurückzieht und kaum aus seiner lethargischen Stimmung herausfindet, wandelt sie sich zu einer selbständigen und selbstbewußten Frau. Dem Leser tritt sie zunächst nur als Freundin von Hans entgegen, als diejenige, die ihm Zärtlichkeit, Rückhalt, Geborgenheit bietet. Er erlebt mit Martha seine erste Liebe, die ungebrochen von Sinnlichkeit bestimmt ist. Unklar bleibt dagegen, was sie an der Persönlichkeit ihres Freundes fasziniert: die Einseitigkeit der Beziehung ist mit Händen zu greifen.

Hans kann jedoch nicht verstehen, wie Martha sich von ihm emanzipiert. Am Schluß der Beziehung bleibt ihm letztlich nur zu konstatieren: „Damals hat es mir nichts ausgemacht, daß sie anderthalb Jahre älter war als ich und daß manche sich wunderten, wie eine so reife und erwachsene Person sich mit einem Kindskopf wie mir abgeben konnte. Heute kommt sie mir vor wie eine Greisin." (S. 8)

Zwei Ereignisse leiten den Entfremdungsprozeß zwischen beiden ein und führen schließlich dazu, daß eine Trennung unabdingbar wird: Martha übernimmt eine Statistenrolle in dem antifaschistischen Spielfilm „Die Jahre vor dem Anfang". Durch die Dreharbeiten animiert, entwickelt sie neue Zukunftsperspektiven, gibt ihr Germanistikstudium auf und schreibt sich an der Schauspielschule ein. Dadurch ändert sich ihr Alltag: sie gewinnt einen neuen Freundeskreis, verändert auch ihr Aussehen und ihren Umgangsstil. Das alles ge-

Martha entwickelt neue Zukunftsperspektiven

schieht nicht nur außerhalb des Einflußbereichs von Hans, sondern auch gegen seinen entschiedenen Willen. Die Liebe zu Martha erkaltet, als er bemerkt, daß sie ihr jüdisches Aussehen zu Markte trägt. Seine prinzipielle Kritik an ihrem Engagement für ein „nichtswürdiges Unternehmen" (S. 210) kann sie nicht verstehen; sie wirft ihm im Gegenzug vor, daß er jeder Auseinandersetzung über die jüdische Vergangenheit ausweicht (s. S. 251 f.). Damit stellt sie seine grundsätzliche Ablehnung in Frage; innerlich hat sie sich zudem bereits für diese neue Perspektive entschieden.

Hans ist geprägt durch die bittere Entdeckung der Selbstjustiz im Waldhaus. Er ist nicht in der Lage, mit Martha darüber zu sprechen, weil er versucht, ihre Beziehung als Refugium zu nützen, sie nicht auch in den Strudel der Ereignisse einzubeziehen. Je länger die Entführung jedoch andauert – das Waldhaus nicht mehr als Liebesnest zur Verfügung steht – und Hans gezwungen ist, immer neue Erklärungen bereitzustellen, um so dichter wird das Netz von Lügen. Der Kommunikationsverlust trägt dazu bei, daß Marthas Vertrauen zu ihm schwindet, sie sich hintergangen fühlt und sich von Hans zurückzieht – zu einem Zeitpunkt, als er auf sie besonders angewiesen ist. Die Demonstration einer heißen erotischen Beziehung vor den Augen von Marthas Mutter bildet da nur noch den Höhepunkt der Entfremdung (s. S. 248–253).

Während Hans mit dem Verlust ihrer Liebe auch der letzte Rückhalt genommen ist, und er nur noch den Wunsch hat, in Ruhe gelassen und nicht mehr mit Problemen behelligt zu werden, die ihm über den Kopf wachsen, leitet sie das weitere Geschehen ein. Ihrer Verbindung mit einem neuen Freund kann er nur schweigend zusehen. Martha hat sich für einen Mann entschieden, der wesentlich älter ist als Hans und vermutlich von der Schauspielschule kommt (s. S. 144 f.). Gegen seinen eigentlichen Willen verfolgt Hans sie, als er beide zufällig von der Straßenbahn aus sieht, und ist doch nicht dazu fähig, seine wirklichen Gefühle auszudrücken.

Von ihrer festen Position aus ist Martha in der Lage, mit Hans freundschaftlich umzugehen, während er unsicher agiert und die neue Qualität der Beziehung noch nicht akzeptieren kann: „Martha allein kennt den Weg, sie hakt sich bei mir ein, ich kann es nicht glauben. Auf was für eine Probe will sie mich stellen? (...) Ich breche den Versuch ab, ergründen zu wollen, was Martha mit dem Unterhaken im Schilde führt. Es gibt nichts zu ergründen, glaube ich auf einmal, sie denkt sich nichts dabei. Nur ich nehme alles schwer, nur ich wittere hinter jeder Bagatelle eine große Sache, nur mir kommt alles Nichtssagende geheimnisvoll und vieldeutig vor." (S. 292)

5. Weitere Personen

Hugo und Rahel Lepschitz

Jüdische Kleinbürger

Marthas Eltern werden von Hans als solide jüdische Kleinbürger gezeichnet, deren wesentliche Freizeitbeschäftigung darin besteht, abends ununterbrochen vor dem Fernsehapparat zu sitzen, nur um Leute zu identifizieren, die anderen Leuten aus ihrer Umgebung ähnlich sehen. Ein defekter Fernseher führt zu gedrückter Stimmung, wie Hans mit bissigem Sarkasmus festhält: „Rahel und Hugo Lepschitz blicken finster, der Fernseher ist kaputt. Nicht nur aus Neugier bleibe ich im Wohnzimmer, auch aus Anteilnahme: man muß im Unglück zusammenhalten." (S. 83) Ihr kleinbürgerliches Milieu beschreibt Hans mit distanziertem Spott, der sich zwischen Anteilnahme und ätzender Kritik bewegt. Er erkennt, daß er in Gefahr ist, der einengenden Macht dieser Verhältnisse zu erliegen. Ihre jüdische Identität pflegen die Eltern in konventionellen Ritualen: Hugo Lepschitz besteht darauf, jeden Abend Matze – das ungesäuerte Brot, das die Juden nach der Überlieferung bei ihrem Auszug aus Ägypten mitnahmen – auf den Tisch zu bekommen. Die Beschaffung ist bei der geringen Zahl der in Ostberlin lebenden Juden mit Schwierigkeiten verbunden: „irgendwo in der Stadt gibt es ein Geschäft, in dem man ungarische Matze kaufen kann." (S. 9) Der Traditionalismus von Hugo und Rahel Lepschitz kommt auch darin zum Ausdruck, daß sie versuchen, Hans an sich zu binden – sie wollen verhindern, daß ihre Tochter einen nichtjüdischen Mann heiratet (s. S. 115).

Traditionalismus

Seine Aufnahme in ihrer Wohnung begründen sie selbst mit der Freundschaft zu Arno Bronstein, die Hans jedoch in Zweifel zieht: „Dabei hatten die beiden sich kaum zehnmal im Leben gesehen, und wenn sie auch nur das geringste füreinander übrig hatten, dann versteckten sie es wie einen Schatz." (S. 7) Freundschaftliche Beziehungen sind auch kaum vorstellbar, betrachtet man das unterschiedliche jüdische Selbstverständnis. Auf ganz andere Weise als Arno Bronstein pflegen Hugo und Rahel Lepschitz ihr Judentum: sie akzeptieren die Sonderrolle als „Opfer des Faschismus" und verlangen ihren Anteil an den Privilegien, die der Staat den Juden zugesteht. Diesen Bonus als Aussonderung abzulehnen, wie es dem Verständnis von Arno und Hans Bronstein entspricht, bleibt ihnen unbegreiflich, sofern sie es nicht als eine arrogante Attitüde verstehen. „Weil er zu stolz war, in sein Antragsformular zu schreiben, daß er Sohn eines Opfers des Faschismus ist", äußert Hugo Lepschitz, als er von der vermeintlichen Ablehnung eines Studienplatzes für Hans erfährt (S. 52). Sie integrieren sich in die Gesellschaft der DDR, äußern allenfalls im privaten Kreis Kritik an allzu haarsträubenden propagandistischen Statements (s. S. 225) – kurz: sie sind in allen Einstellungen und Verhaltensweisen das glatte Gegenteil von Arno Bronstein.

Akzeptanz der Sonderrolle

Gordon Kwart / Rotstein

Gemeinsam mit Arno Bronstein halten Gordon Kwart und Rotstein den ehemaligen KZ-Aufseher Arnold Heppner im Waldhaus gefangen, um ihn zu einem Geständnis zu zwingen. Jurek Becker zeigt die Opfer des Nazismus als Täter, deren Brutalität und Schäbigkeit in keiner Weise den Schlägern im Dritten Reich nachstehen. Gewalt wirkt so in den

Opfer als Täter

Opfern fort, selbst wenn sie eine einigermaßen geordnete Alltagsfassade aufgebaut haben. Dafür ist insbesondere Gordon Kwart ein Beispiel. Während Rotstein als bloße Nebenfigur farblos bleibt, ist er deutlicher konturiert: Kwart ist Ende fünfzig, von Beruf Geiger, dessen Understatements – „Einmal hatte ich Kwart zu meinem Vater sagen hören, es bedeute für ihn ein Unglück, daß ausgerechnet Heifetz und Oistrach Juden seien: jeder erwarte auch von ihm Großes, doch sei er leider nur ein mittelmäßiger Geiger" (S. 133) – dazu verleiten, ihn falsch einzuschätzen. Ihn sucht Hans auf, um „einen Keil zwischen die Entführer zu treiben" (S. 134). Am Ende des Gesprächs muß er jedoch erkennen, daß er nichts erreicht hat und Kwarts geschickte Gesprächsführung aufgegangen ist. Auch die Einladung Kwarts zu einem gemeinsamen Abendessen wenig später dient nicht dem Versuch, Hans einzubeziehen, sondern ihn als Zeugen unschädlich zu machen. Kwarts Position wird wie bei den beiden anderen Entführern bestimmt durch die gemeinsame Lagererfahrung, die Hans als Nachgeborenen ausschließt. Eine argumentative Kommunikation zwischen den Generationen verbietet sich damit. Kwart bringt den Widerspruch auf den Punkt: „Es ist natürlich, daß wir verschiedener Meinung sind: du bist nicht im Lager gewesen." (S. 189)

Arnold Heppner

Der typische Mitläufer

Der ehemalige KZ-Aufseher versucht, sich als puren Mitläufer darzustellen, seine Beteiligung an den Verbrechen der Nationalsozialisten herunterzuspielen: „ein Nichts" sei er damals gewesen (S. 103). Damit haben die Entführer einen typischen Vertreter der unter Hitler agierenden Deutschen getroffen, der sich keiner Schuld bewußt ist und nach dreißig Jahren unbescholtenen Daseins auch überhaupt nicht einsieht, weshalb die alten Geschichten wieder aufgerollt werden sollen. Seine Legitimation besitzt realpolitische Vorbilder: daß „damals ein anderes Recht gegolten hat" (S. 25),

Unschuldsbeteuerungen

war das Standardargument des baden-württembergischen Ministerpräsidenten Filbinger, als er sich gegen Vorwürfe zur Wehr setzen mußte, er habe als Marinerichter noch nach der Kapitulation in Kriegsgefangenenlagern nach dem Recht des Dritten Reiches geurteilt. Diese Uneinsichtigkeit ist es gerade, die die Entführer mit Verbitterung vorgehen läßt, um ein Schuldeingeständnis aus Heppner herauszuprügeln und ihn so zu nötigen, zu seinen Taten zu stehen.

Hans sieht dagegen in ihm nur einen alten, nach Scheiße stinkenden Mann, dessen SS-Vergangenheit ihn abstößt, dessen Anblick aber Mitleid in ihm auslöst. Lediglich die aufgesetzte, halbherzige Reuebekundung – „bat er mich zu glauben, daß er die unseligen Ereignisse von damals bereue, auch wenn er keine Verantwortung dafür trage" (S. 103) – wirkt so widerlich, daß Hans sich provoziert sieht und die Fesseln fester anzieht. Im Prinzip hegt er jedoch keinerlei Gefühle für den alten Mann, sieht sich aber durch ihn gezwungen, Entscheidungen zu treffen, die ihn gegen seinen Vater stellen: „Er sei ein Nichts gewesen, hatte er behauptet, ich konnte ihm das glauben oder nicht, es war mir seltsam unwichtig. Ich brachte keinen Haß zustande, beim besten Willen nicht; er war ein lästiges Problem im Leben meines Vaters, und damit auch in meinem, nicht mehr und nicht weniger." (S. 108 f.) Hans kann den Gekidnappten daher auch am Ende in Gegenwart des toten Vaters von seinen Fesseln lösen und ihn laufen lassen. Auf einer Rentnerreise setzt sich Heppner dann in den Westen ab, wo er vermutlich in Frieden seine Rente aufzehren kann (s. S. 259 f.), ohne eine juristische Verfolgung befürchten zu müssen – ein adäquates Ende seines Versuchs, die Vergangenheit zu verdrängen. Den politischen Charakter dieser Fluchtperspektive nennt der Autor in einem seiner Interviews:

Die Flucht in den Westen

„Eine Besonderheit der Bundesrepublik Deutschland, ich möchte, daß ‚Bundesrepublik Deutschland' mit ‚West-Germany' übersetzt wird, ist, daß nie eine entschlossene und kraftvolle Abrechnung mit dem Faschismus stattgefunden hat. Man hat sich auf Deklamatorisches beschränkt, es war immer mehr eine Beruhigung des besorgten Auslands als ein Bedürfnis. Alle Nazis, wenn sie nicht gerade international gesuchte Massenmörder waren, brauchten ihre Vergangenheit nie zu verbergen. Sie konnten Lehrer werden, Richter, Staatsanwälte, Politiker. Und sie sind es in großer Zahl geworden und sind es heute noch. Natürlich haben sie sich gewandelt, natürlich reden sie heute nicht so wie damals, natürlich ist auch ein gewisser Druck auf sie ausgeübt worden. Aber ihr Einfluß ist nicht zu unterschätzen, und ihre Kinder sind unter diesem Einfluß aufgewachsen." (in: Irene Heidelberger-Leonard [Hg.]: „Jurek Becker", S. 99)

Zur Thematik von „Bronsteins Kinder"

1. Der Roman als Initiationsgeschichte

Hans Bronsteins Geschichte schildert den Ablauf eines Jahres: von der Entdeckung der Folterszene im Waldhaus über die vergeblichen Versuche, die Katastrophe aufzuhalten, den Tod seines Vaters, die Entfremdung von der Freundin Martha bis schließlich zum Auszug aus der Wohnung ihrer Eltern. Er sieht sich Ereignissen ausgesetzt, die ihn völlig aus der Bahn werfen; im Verlauf weniger Wochen wird aus dem unbekümmerten, liebeshungrigen Abiturienten ein lethargischer, mutloser junger Mann. Am Ende des Romans erhält er durch die Hilfe seiner Freundin die Möglichkeit zu einer neuen Perspektive – ob er sie tatsächlich nützen kann, bleibt offen.

Nimmt man diese unterschiedlichen Elemente der Handlung zusammen und versucht sie zu einem Ganzen zu integrieren, zeigt sich, daß der Roman strukturell in der Tradition der „Initiationsgeschichte" steht, eines Typus, der in amerikanischen Romanen und Kurzgeschichten wie Salingers *The Catcher in the Rye* (dt.: Der Fänger im Roggen), Charles Webbs *The Graduate* (dt.: Die Reifeprüfung), Philipp Roths *Portnoy's Complaints* (dt.: Portnoy's Beschwerden) oder in den short stories von E. A. Poe, Nathaniel Hawthorne oder Ernest Hemingway seine markantesten Vertreter hat.

Der Initiationsbegriff wird hier verwendet als Bezeichnung für den Prozeß des Heranwachsens vom Kind zum Erwachsenen, zu dessen Bestandteilen das Bekanntwerden mit der Sexualität gehört, die Einführung in geltende gesellschaftliche Normen oder das Gewinnen neuer Einsichten. Die Initiationsgeschichte ist dabei auf ein bestimmtes Ereignis angelegt, das schockartig über den Jugendlichen hereinbricht, ihn in einer schmerzhaften und

Kennzeichen des Initiationsromans

desillusionierenden Weise das Grauenvolle und Schmutzige in der Welt erfassen läßt und damit die Rückkehr in die Kindheit unmöglich macht. Neben dem Initianden steht fast immer ein Initiationshelfer, ein Mentor, der ihn auf dem Weg der Selbstfindung durch Ratschläge und Verhaltensmaßregeln unterstützt.

Zerfall eines vertrauten Weltbildes

Jurek Beckers Roman zeichnet diesen Weg für Hans Bronstein fast schematisch nach: die schicksalhafte Konfrontation am Beginn des Geschehens läßt auf einen Schlag seine bisherige Vorstellungswelt zusammenbrechen. Er muß sich über seine Beziehung zum Vater und zu dessen Vergangenheit, sein Verhältnis zur Autorität, zur Sexualität und zur Welt überhaupt klar werden, um zum Erwachsenen zu reifen. Weder ist der Vater der kühl-rationale „Logikfanatiker" (S. 28), als den er ihn bislang stets erlebt hat, noch kann das relativ gleichberechtigte, aber emotionsarme Nebeneinanderher-Leben der beiden Männer fortgeführt werden. Der Vater zwingt ihn auch, sich mit der bislang unkritisch akzeptierten politischen Realität in der DDR auseinanderzusetzen – wenn auch nur in bezug auf die „Vergangenheitsbewältigung", nicht etwa im Hinblick auf aktuelle gesellschaftliche Konflikte.

Liebesverlust

Vor allem aber muß Hans eine neue Qualität in der Beziehung zu seiner Freundin Martha wahrnehmen: zeichnet sie sich vor dem schockierenden Erlebnis im Waldhaus vor allem durch eine unreflektiert-unschuldig erfahrene Sexualität aus, gibt es danach keine Gelegenheit mehr für die beiden, miteinander zu schlafen. Die Angst vor dem Verlust der sexuellen Beziehung bringt Hans dazu, Martha die Entdeckung im Waldhaus zu verschweigen. Er unterminiert damit ungewollt die innere Verbundenheit der beiden. An das Sommerhaus, diesen außerhalb Berlins gelegenen, von anderen Menschen kaum besuchten Ort, ist, wie Hans weiß, die ungebrochene sexuelle Beziehung geknüpft: „In dem Waldhaus haben wir uns zum erstenmal berührt, ich meine angefaßt, und nur dort haben sich Ängstlichkeit und Scham verloren." (S. 14)

Die Parallele zwischen Initiation und biblischem Sündenfall bietet sich an: als Trauer über den Verlust der Unschuld und eine nicht wieder gutzumachende Zerstörung menschlicher Eigenschaften. Wie Adam und Eva werden auch Hans und Martha vertrieben aus ihrem „Paradies": Hans ist es, der vom Baum der Erkenntnis gegessen hat, indem er seinen Vater als Urheber schmutziger, schreckenserregender Gewalt erlebt – seither ist das Waldhaus, „das Paradies", versperrt, der Schlüssel dazu taugt nichts mehr. Er wird zum Symbol einer verlorengegangenen Unschuld: er öffnet keine Türen mehr, wird zum Anlaß von Auseinandersetzungen zwischen Hans und Martha. Am Schluß des Romans ist es ein neuer Schlüssel aus einer anderen Tasche des Vaters, mit dem Hans zunächst nur den alten KZ-Aufseher befreit, symbolisch aber auch die Möglichkeit eröffnet, sich selbst aus der Verstrickung in Schuld und Gewalt zu lösen: „Dann ging ich zu Vater und griff ihm in die Tasche, zuerst in die falsche und dann in die richtige." (S. 302) Der Gewinn neuer Einsichten wird erkauft durch den Verlust alter Illusionen, bezahlt durch die Einbuße an Unschuld. Allerdings ist der Erzähler selbst noch nicht in der Lage, die Endgültigkeit dieser Vertreibung zu erkennen. Hans redet sich ein, eine Rückkehr in die Phase naiven Glücks wäre möglich, gäbe es nur den Ort noch in seinem Besitz: „Wenn ich es noch hätte, das Häuschen, sähe die Welt für Martha und mich ganz anders aus. Ich will nicht behaupten, wir wären noch ein Herz und eine Seele, aber das Ende aller Bemühungen wäre noch nicht gekommen, da bin ich sicher." (S. 14) Er macht damit nur deutlich, wie sehr er noch am Anfang seines Erkenntnisprozesses steht; daß er sein Erlebnis, das schon ein Jahr zurückliegt, noch immer nicht überwunden, seinen Reifungsprozeß noch nicht abgeschlossen hat.

Parallele
zum biblischen
Sündenfall

Illusionen des
Erzählers

2. Folteropfer für immer?

Konfrontation zwischen Vater und Sohn

Die Revolte des Sohnes gegen den Vater ist in „Bronsteins Kinder" eng verknüpft mit der Auseinandersetzung um die jüdische Identität: der Vater kann nicht vergessen, was er im Lager erlitten hat, dem Sohn sind diese Erfahrungen gleichgültig, sie bedeuten ihm für das eigene Leben nur eine Last. Es gibt vor der Entdeckung der Selbstjustiz wenig Berührungspunkte zwischen Vater und Sohn. Ihre Einflußbereiche sind klar abgesteckt, „in langen Verhandlungen hatten wir die Hausarbeit zwischen uns aufgeteilt, es war genau geregelt" (S. 126). Gefühle zwischen beiden werden nur in ganz seltenen Situationen indirekt erkennbar (S. 126/127) – sie haben sich in ihrem Zusammenleben arrangiert. Selbst die geheimen Treffen mit Martha sind dem Vater bekannt, ohne daß darüber gesprochen würde: „Ich kann mir vorstellen, was es für euch bedeutet, daß unser Haus belegt ist. Ich bin zwar dumm, aber nicht blind." (S. 268)

Erst die Konfrontation im Waldhaus läßt das oberflächliche Arrangement zusammenbrechen und öffnet den Blick für eine tiefere Dimension in der Persönlichkeit Arno Bronsteins. Sie ist geprägt durch die im Lager erlittene Folter und Ressentiments gegenüber den Deutschen. Nur langsam erfaßt Hans das veränderte Bild des Vaters, ohne dessen Handlungsweisen verstehen zu können: „Darf einer, der mit dreißig Jahren geschlagen wird, mit sechzig zurückschlagen?" (S. 33)

Ressentiments als Spätfolgen der Lagerhaft

Jurek Becker hat am Beispiel von Arno Bronstein die Spätfolgen von Tortur und Lagererfahrung beschrieben: als Opfer glaubt er, die Legitimation für die Entführung und Folterung eines Lageraufsehers zu besitzen. Eine offene Rechnung, die über die Jahre nichts an Wert verloren hat, scheint nun für ihn beglichen zu werden. Unnachgiebig und mitleidlos prügelt er auf den alten KZ-Aufseher ein – offensichtlich ein Zeichen der Angst, daß ihm diese letzte Möglichkeit, den unerträglichen Druck der Vergangenheit durch einen Akt der Vergeltung loszuwerden, mißlingen könnte. Deutlich wird damit auch, wie intensiv sich die Erfahrung der Folter im Dritten Reich in ihn eingeprägt hat.

Der Autor kann sich in seiner Charakterisierung der Psychostruktur eines Lagerhäftlings auf den jüdischen Autor und Philosophen Jean Améry berufen. Er hat in seinen Essays „Jenseits von Schuld und Sühne. Bewältigungsversuche eines Überwältigten" (München 1966) die Auswirkungen der Folter auf ihre Opfer beschrieben. Als Kommunist wurde er zunächst im KZ Breendonk gefoltert, bevor er nach Auschwitz deportiert wurde. Aufgrund dieser Erfahrungen analysiert er, wie die Verletzungen der Tortur auch nach Jahrzehnten noch fortwirken: Folter entwürdigt ihre Opfer, vereinzelt sie und drängt sie für immer an den Rand der Gesellschaft:

Folter isoliert

> „Wer gefoltert wurde, bleibt gefoltert. Unauslöschlich ist die Folter in ihn eingebrannt, auch dann, wenn keine klinisch objektiven Spuren nachzuweisen sind. Die Unverlierbarkeit der Tortur legitimiert den Gefolterten zu spekulativen Abflügen, die gar keine Hochflüge sein müssen und dennoch einen gewissen Gültigkeitsanspruch erheben dürfen." (S. 61)

An anderer Stelle beschreibt Améry das Bedürfnis der Naziopfer, ihre psychische Verletzung aufzuarbeiten, offensiv und unversöhnlich eine satte deutsche Nachkriegsgesellschaft aufzurütteln. Der Konflikt müsse aktuell ausgetragen werden, um der Vereinsamung zu entgehen und sich wieder in der Gemeinschaft integrieren zu können. Dieses Bedürfnis behaupte sich unbeschadet aller vordergründigen Arriviertheit:

> „Wer der Folter erlag, kann nicht mehr heimisch werden in der Welt. Die Schmach der Vernichtung läßt sich nicht austilgen. Das zum Teil schon mit dem ersten Schlag, in vollem Umfang aber schließlich in der Tortur eingestürzte Weltvertrauen wird nicht wiedergewonnen. Daß der Mitmensch als Gegenmensch erfahren wurde, bleibt als gestauter Schrecken im Gefolterten liegen: Darüber blickt keiner hinaus in eine Welt, in der das Prinzip Hoff-

nung herrscht. Der gemartert wurde, ist waffenlos der Angst ausgeliefert. *Sie* ist es, die fürderhin über ihm das Szepter schwingt. Sie – und dann auch das, was man die Ressentiments nennt. Die bleiben und haben kaum die Chance, sich in schäumend reinigendem Rachedurst zu verdichten." (S. 70)

Folter entwürdigt

Jean Amérys Freitod 1978 wie der des italienischen Chemikers, Schriftstellers und KZ-Opfers Primo Levi 1987 in Turin zeigt mit erschreckender Brisanz, wie exakt diese Analyse zutrifft, das Leben noch Jahrzehnte nach der Befreiung aus den Konzentrationslagern von der Erfahrung der Entwürdigung bestimmt wird. Jurek Becker hat in seinem Roman das Konzept Amérys weitergedacht und die individuelle Rache, die der Essayist prinzipiell ablehnte – „Exteriorisierung und Aktualisierung –, sie können ganz gewiß nicht bestehen in einer proportional zum Erlittenen ins Werk zu setzenden Rache" (S. 123) – als Ausgangs- und Polarisierungspunkt seiner Handlung gesetzt.

Aber nicht nur die Folteropfer des Faschismus werden von Ressentiments beherrscht; die Langzeitfolgen des Terrors treffen in gleicher Weise die Opfer moderner Diktaturen. Der chilenische Autor Ariel Dorfman zeigt in seinem Erfolgsstück „Der Tod und das Mädchen" die Verzweiflung einer Frau, die ausschließlich von dem Wunsch getragen wird, das alttestamentarische Gesetz „Auge um

Folteropfer heute

Auge, Zahn um Zahn" zu erfüllen: um ihre psychische Sicherheit wiederherzustellen und eine aus den Fugen geratene Gesellschaft wieder ins Gleichgewicht zu bringen. Paulina, in den Gefängnissen der Militärdiktatur Chiles gefoltert und vergewaltigt, kann ihr Leben in der Freiheit nur durch den Haß gegen ihre Peiniger ertragen. Auf dem Höhepunkt der Handlung bringt sie den Konflikt zwischen äußerlicher Anpassung und traumatischen Erfahrungen drastisch auf den Punkt:

„Ich war entsetzt über mich selbst. Über diesen Haß, den ich in mir habe, – aber nur dank dieses Gedankens konnte ich einschlafen, war es mir überhaupt möglich, mit dir auf Cocktailparties zu gehen, wo ich nie aufhören konnte, mich zu fragen, ob nicht vielleicht einer der Anwesenden – nicht unbedingt dieselbe Person, aber doch einer von denen war ... und um nicht völlig durchzudrehen und um nach außen weiterhin dieses Stewardessen-Lächeln abliefern zu können, das du von mir erwartest, malte ich mir aus, wie ich ihren Kopf in einen Kübel voller Scheiße und Urin tauchen oder Elektroschocks durch ihren Körper jagen würde..." (Ariel Dorfman: „Der Tod und das Mädchen", Frankfurt 1992, S. 46)

Wie Jurek Becker selbst sagt, lieferte den Anstoß zum Roman das Erstaunen darüber, daß es kaum Gewaltakte von KZ-Opfern gegenüber ihren Peinigern gegeben habe:

Kaum Selbstjustiz von KZ-Opfern nach dem Krieg

> „Ich habe oft Diskussionen gehört und Schriften gelesen, die sich mit der Frage beschäftigt haben, wie es möglich ist, daß Millionen ermordeter Leute sich kaum gewehrt haben. Eines Tages ist mir die Geschichte eingefallen, vor zehn oder fünfzehn Jahren, daß drei Überlebende eines Konzentrationslagers einen früheren Aufseher gefangennehmen und Rache an ihm üben. Und ich habe das sehr lange abgetan als eine unwahrscheinliche Kriminalstory, bis mir irgendwann der merkwürdige Gedanke kam: eigentlich ist diese Geschichte doch sehr wahrscheinlich. Warum höre ich nie davon, warum passiert sie nie, warum kenne ich sie nicht aus der Zeitung, aus dem Fernsehen? Und ich habe mir die Frage gestellt, ob die Müdigkeit, die damals eine Gegenwehr verhindert hat, bei den Überlebenden fortexistiert." (in: Irene Heidelberger-Leonard [Hg.]: „Jurek Becker", S. 94)

Einzelne Beispiele von Selbstjustiz an ehemaligen KZ-Aufsehern gab es wohl – Becker nennt einen Fall aus seinem Bekanntenkreis, der sich 1946 zugetragen haben soll (Volker Hage/Jurek Becker: „Hinter dem Rücken des Vaters", S. 339); es gibt in der Literatur Berichte von Juden, die ihre früheren Peiniger verprügelt haben (Susann Heenen-Wolff: „Im Haus des Henkers", S. 19 ff., S. 242) – aber das sind Einzelfälle, die für die Reaktionen der Opfer untypisch sind. Das Gegenteil trifft weit häufiger zu: Scham über nicht geleisteten Widerstand in den Lagern des Dritten Reiches prägt die Wahrnehmung der Juden, Scham darüber, man habe sich „wie Schafe zur Schlachtbank" führen lassen. (Vgl. dazu: Brumlik, Micha u. a. [Hg.]: „Jüdisches Leben in Deutschland seit 1945", S. 251 f.)

3. Jüdische Identität

Der Aufbruch aus der Rolle des Opfers ist eng verknüpft mit der Frage nach der jüdischen Identität: es gilt, nicht dazu verdammt zu sein, ewig die Opfer Hitlers zu bleiben, sondern das lange Martyrium der jüdischen Geschichte an einer Stelle zu durchbrechen, der Ohnmacht und Passivität zu entkommen. Aus dem Verhalten der drei alten Männer in Jurek Beckers Roman spricht ein zweifacher Wunsch: durch ihre Vergeltung das eigene innere Gleichgewicht wiederzufinden und zu einer gerechteren Zukunft beizutragen.

Jüdische Identität als äußerer Zwang

Arno Bronsteins Einstellung zum Judentum zeigt dabei ein doppeltes Gesicht: nach außen gewandt, bildet sie ein rein reaktives Moment: es gebe keine eigene jüdische Identität; der Zwang, Jude zu sein, werde von außen aufgezwungen, behauptet er. Das ist die Seite, die Hans kennt, die Formulierung, auf die er sich bezieht, wenn er die Behauptung des Vaters aufgreift: „Es gebe überhaupt keine Juden. Juden seien eine Erfindung..." (S. 48) Die Vorstellung, daß erst der Antisemitismus die Juden zu Juden mache, läßt sich in einem Aufsatz Jean-Paul Sartres „Betrachtungen zur Judenfrage. Psychoanalyse des Antisemitismus" wiederfinden. In seinem Resümee schreibt er:

> „Wir haben nun gesehen, daß entgegen einer weitverbreiteten Ansicht nicht der Charakter des Juden den Antisemitismus macht, sondern daß im Gegenteil der Antisemit den Juden schafft." (S. 126)

Juden haben sich nach dieser Vorstellung von ihren Feinden ein Bild ihrer selbst aufdrücken lassen, dem sie entsprechen und dadurch erst die Voraussetzung für weitere Diskriminierungen schaffen:

> „Es ist demnach keine Übertreibung zu sagen, daß die Christen den Juden *erschaffen* haben, indem sie seine Assimilation jäh unterbrochen haben und indem sie ihm gegen seinen Willen eine Funktion aufgezwungen haben, in der er sich seitdem ausgezeichnet hat. (...) Wenn man also wissen will, was der heutige Jude ist, so muß man das christliche Gewissen befragen. Man darf nicht fragen: ‚Was ist ein Jude?' sondern: *‚Was hast du aus den Juden gemacht?'* Der Jude ist der Mensch, den die anderen als solchen betrachten." (S. 61)

Max Frischs Parabel vom „Andorranischen Juden" drückt Sartres Vorstellungen in gleicher Weise aus. Eine Alternative zu dieser Vorstellung, die eine eigenständige jüdische Identität gerade ausschließt, entwickelt Jurek Becker im Verlauf der Handlung. Die zweite, nach innen gewandte Seite des Judentums bei Arno Bronstein bleibt seinem Sohn lange verborgen. Unvermittelt wird er mit ihr konfrontiert, als er eines Abends das Gespräch seines Vaters mit den beiden anderen Entführern belauscht: sie unterhalten sich auf jiddisch, der eigenen, gegen Ende des Ersten Weltkriegs in Deutschland von Juden gesprochenen Sprache. Diese Andersartigkeit wird zum Merkmal einer besonderen kulturellen Eigenart der Juden. Ein lediglich äußerlich auferlegtes Rollendiktat wandelt sich so zu einer bewußt gelebten jüdischen Lebensweise: die drei Alten beziehen ihre Identität aus der gemeinsamen Lagererfahrung, die noch immer Gegenstand der Unterhaltung ist. In ähnlicher Weise formuliert Jean Améry sein Credo als Jude:

Jüdische Identität als bewußte Lebensweise

> „Zwar gilt die Katastrophe als existentieller Bezugspunkt für alle Juden, doch geistig nach- und vorvollziehen können das katastrophale Ereignis nur wir, die Geopferten. Den anderen sei es nicht verwehrt, sich einzufühlen. (...) Ihre geistigen Bemühungen werden unseren Respekt finden, doch wird er ein skeptischer sein, und im Gespräch mit ihnen werden wir bald verstummen und uns sagen:

Nur zu, gute Leute, plagt euch ab, wie ihr wollt, ihr
redet ja doch nur wie der Blinde von der Farbe."
(S. 147)

**Unverständnis
zwischen den Ge-
nerationen**

Hier wird eine klare Trennungslinie gezogen zwischen Betroffenen und Nachgeborenen. Hans fühlt
sich durch den Gebrauch der jiddischen Sprache
von seinem Vater „betrogen" (S. 221). Wieder muß
er sein Bild korrigieren und erkennen, daß eine tiefere Dimension dieser Persönlichkeit ihm ver-
schlossen geblieben ist. Er kann auch weiterhin
keinen Zugang finden. Ihm werden wohl Erklärungen für das Verhalten der drei Männer geliefert, die
aber unbefriedigend bleiben müssen, denn, so
Kwart: „Es ist nur natürlich, daß wir verschiedener Meinung sind: du bist nicht im Lager gewesen." (S. 189)

4. Vater-Sohn-Beziehung

**Fehlendes Einfüh-
lungsvermögen**

Hans ist außerstande, mit der inneren Welt der Opfer in Kontakt zu treten. Er besitzt zu wenig Ein-
fühlungsvermögen, um sich dem Problem jüdischer
Identität annähern zu können, weist auch jeden
Impuls dazu weit von sich. Kommunikationsfähig-
keit war noch nie eine starke Seite in der Vater-
Sohn-Beziehung. Daß eine produktive Auseinandersetzung zwischen beiden schließlich überhaupt
nicht mehr zustande kommt, liegt aber nicht nur an
einer fehlenden Bereitschaft des Sohnes, auch
nicht am subjektiven Unvermögen des Vaters, sich
ihm mitzuteilen, sondern an der objektiven Un-

**Ungleichheit der
Erfahrungen**

gleichheit der Erfahrungen. Wer seine Identität aus
dem KZ bezieht, bleibt in dieser Welt verkapselt.
Eine objektive Beurteilung der Leidenserfahrun-
gen in einem rationalen Dialog erscheint, so Améry, nicht möglich:

> „Die Forderung nach Objektivität erscheint mir
> bei der Auseinandersetzung mit meinen Peinigern,
> mit jenen, die ihnen halfen, den anderen, die nur
> dazu schwiegen, als logisch sinnlos." (S. 112)

Letzten Endes geraten in der Kontroverse zwischen Arno und Hans Bronstein unterschiedliche Moralvorstellungen in Konflikt: der Vater geht von einer strafenden Gerechtigkeit aus, die nach dem alttestamentarischen Motto „Auge um Auge, Zahn um Zahn" Sühne erzwingen will. Das Verhalten von Hans wird dagegen von Mitleid gegenüber einem alten Mann gesteuert, dessen Schuldverstrickung für ihn nicht erfahrbar wird. Die Verstörung, in die Hans mit der Entdeckung der Folter gerät, sitzt so tief, weil der Einbruch von Gewalt in seine normal-alltägliche Welt unerwartet geschieht. Zugleich ist die kommunikative Basis zerstört: der Zugang zum Vater ist völlig zusammengebrochen: er sieht in seinem Sohn nur noch einen „Feind" (S. 184), der seine Handlungsweise mißbilligt. Hans kann nicht nachvollziehen, weshalb sein Vater derart zwanghaft die Vergangenheit wachhält. Die Situation im Waldhaus läuft in einem Automatismus weiter, der erst durch die Katastrophe angehalten werden kann. Zwischen den Generationen ist eine tiefe Kluft entstanden, die sich in Sprachlosigkeit und Kommunikationsverlust äußert. Die „Gnade der späten Geburt", die für die deutsche Nachkriegsgeneration als Entlastung nicht taugt, gibt es auch für die Kinder der Opfer nicht. Sie werden mit der Lagererfahrung der Väter konfrontiert, ohne an einer Aufarbeitung der Leiden beteiligt zu werden.

Sprachlosigkeit

Jurek Becker berichtet ähnliches von sich und seinem Vater:

biographische Parallelen

> „Mein Vater hat mir nie etwas über solche Angelegenheiten erzählt. Zwischen uns herrschte ein Zustand der Sprachlosigkeit. Natürlich nicht über alles, doch über die Vergangenheit, über Krieg und Verfolgung. Je erwachsener ich wurde, (…) desto bewußter wurde mir das. Dennoch brachte ich es nicht fertig, diesen Zustand zu ändern. Ich wurde nur fähig, einen Dialog zwischen uns zu erfinden, ein Verhältnis, wie ich es mir gewünscht hätte. Das hat zwar nicht meinem Vater diesen Zustand erleichtert, doch mir." (Volker Hage/Jurek Becker: „Hinter dem Rücken des Vaters", S. 331)

Ihren Höhepunkt findet diese Spirale des Verschweigens im XI. Kapitel des Buches, als Hans in der Kommunikation mit einem taubstummen Paar mehr in Erfahrung bringt als von seinem Vater (S. 260). Die Sprachlosigkeit zwischen Vater und Sohn setzt sich fort in der Beziehung zur Freundin. So wie Arno und Hans Bronstein sich nichts zu erzählen haben, verschweigt Hans Martha seine Kenntnisse über die Entführung im Waldhaus, erzählt sie ihm immer weniger von ihren neuen Erfahrungen beim Film. Beide Beziehungen zerbrechen schließlich, die eine mit dem Tod des Vaters, die andere mit der zunehmenden Entfremdung.

5. Die Beziehung zu Martha

Marthas Filmrolle

Martha gegenüber gerät Hans zunehmend in die Defensive: einerseits verfängt er sich in seinen Strategien aus Unwahrheit und Verschweigen (s. S. 168 ff.), andererseits hat er gegen ihre neue Perspektive beim Film grundsätzliche Bedenken, die an der klischeehaften Rolle der Juden, vor allem aber daran, daß sie sich auf dieses Konzept ohne Skrupel einläßt, ansetzen. In der angespannten Situation aber, in der Hans sich befindet – auch wegen der wachsenden Distanz zwischen Martha und ihm –, kann er seine Einwände nicht mehr formulieren: „Während einer Fahrt, deren Ziel es doch war, uns in Ruhe zu umarmen, konnte ich Martha nicht die Wahrheit sagen: daß ich es bitter fand, eine jüdische Abstammung oder ein jüdisches Gesicht zu Geld zu machen." (S. 213)

Nach dem Tod des Vaters kommt die Verzweiflung zunehmend zum Ausdruck. Hans droht immer mehr zu erstarren. Seine Äußerungen und Gedanken sind nicht mehr deckungsgleich: so drückt er sich Martha gegenüber in Worten aus, die seinen Empfindungen zuwiderlaufen; er weiß das, ohne es ändern zu können (S. 288). Er zieht sich dabei immer mehr in sich selbst zurück und wird unfähig, ihr gegenüber Gefühle überhaupt zu äußern. Noch viel weniger kann er mit anderen Menschen umgehen. Frauen betrachtet er nur noch unter dem Aspekt ihrer körperlichen Proportionen: „Kaum habe ich den Blick an ihnen festgemacht, rücken sie zusammen, als müßten sie einem Angriff standhalten. Das Gesicht kommt später an die Reihe, ich fahre mit meinen Augen den Boden ab, ein Schweinerüssel auf der Suche nach Trüffeln." (S. 142)

Sein drastischer Vergleich deckt die Schuldgefühle auf, die er empfindet, wenn er Frauen nur noch als Sexualobjekte betrachtet. Die Zeit unschuldig-paradiesischer Sexualität ist unwiderruflich vorbei: „Als wir uns liebten, Martha und ich, war sie in meinen Augen nie eine Ansammlung verschiedener Körperteile; doch im Moment gaffe ich nur nach Körperteilen." (S. 143) Wie ein Spätpubertierender vernimmt er jetzt hinter seinem Rücken „die obszönen und sündigen Geräusche" in der Straßenbahn (S. 144), er fühlt sich eingekreist von sexuellen Begierden, die doch nur Reflex seiner eigenen unerfüllten Wünsche sind. Andere Mädchen anzusprechen, traut er sich nicht zu, weil er ein Scheitern nicht riskieren will. So wird er immer mehr auf die wenigen Quadratmeter seines Zimmers in der Wohnung von Marthas Eltern eingezwängt, ohne eine Möglichkeit zu sehen, sich aus dieser Lethargie befreien zu können.

Sexuelle Frustration

6. Isolation nach dem Tod des Vaters

Hans sieht seine Situation nach dem Tod des Vaters als ausweglos an; er ist vereinsamt und verstummt. Seine Isolation gründet in den Erfahrungen und Erlebnissen des vergangenen Jahres, die er auf den knappen Nenner bringt: „womöglich bin ich doch ein Opfer des Faschismus und will es nicht wahrhaben." (S. 224) Er fühlt sich von seinem Vater wie von Martha verraten und alleingelassen, sein Leben ist liebesarm geworden. Er kapselt sich daher immer mehr ab und umgibt sich nach außen mit

Hans kapselt sich ein

einer „Schutzschicht" (S. 56). Dennoch verschwinden seine Wünsche nach Zärtlichkeit und Nähe nicht hinter dieser Hornhaut, sondern bleiben in ständiger Spannung erhalten.

Die Welt der siebziger Jahre

Eingebettet ist diese Entwicklung in die Zeitgeschichte der DDR während der Jahre 1973 und 1974. Hans nimmt sie aber nur noch am Rande wahr. Reale Ereignisse – der Tod Walter Ulbrichts einen Tag vor dem Tod des Vaters am 1. August 1973, die X. Weltfestspiele der Jugend und Studenten in Ost-Berlin im August 1973, der Rücktritt Willy Brandts am 6. Mai 1974 – fixieren zwar den Zeitpunkt der Handlung in einem genau festgelegten Rahmen, die Hauptpersonen haben dafür aber nur geringes Interesse. Die Weltfestspiele bringen volle Kneipen, verlängerte Öffnungszeiten, Musik auf den Straßen und eine größere Zahl von Ausländern, aber Hans bleibt außerhalb, mit seinen Problemen beschäftigt. Der Tod Ulbrichts schließt eine Epoche ab, hat sein Bild doch während der gesamten Kindheit und frühen Jugend von Hans die öffentlichen Gebäude dominiert: „Nicht, daß ich ein Verehrer Ulbrichts gewesen wäre, aber eine kleine Besinnung war die Nachricht ja wohl wert (...) Von allen Autoritäten des Landes war er mir die vertrauteste (...); sein Bild hatte einmal in allen Räumen meiner Schule gehangen, selbst in der Turnhalle und im Treppenhaus." (S. 249) Auch der Rücktritt Willy Brandts löst nur ein mildes Interesse bei Hans aus (S. 56). Er ist so auf seine eigenen Probleme bezogen, daß er die zeitpolitischen Ereignisse nur noch wie im Traum wahrnimmt.

Zukunftsperspektiven

Konfrontiert mit der Wirklichkeit wird Hans, wenn er die Sicherheit der Schule hinter sich läßt und eigene Entscheidungen für seine Zukunft treffen muß. Das Studium, das in wenigen Monaten beginnen soll, liefert jedoch keine verlockende Perspektive, denn Hans weiß eigentlich nicht, warum er als Studienfach Philosophie gewählt hat. Er ist lediglich „neugieriger" auf diese Disziplin als auf andere (S. 88), und sie liegt außerhalb des Willens seines Vaters, der „sich immer einen Internisten zum Sohn" (S. 11) gewünscht hatte. Hans weiß, daß er einen „Ratgeber" braucht, um sich in dieser

Phase der Initiation zurechtzufinden, „einen, der keine langen Erklärungen nötig hatte (...) und nicht gleich in Panik geriet, wenn die Lage verworren war" (S. 41). Die einzige Person, die für ihn in Frage kommt, um über das Erlebnis im Waldhaus zu sprechen, ist seine Schwester. Elle wird in dieser Zeit zu seiner Mentorin, sie gibt ihm Verhaltensmaßregeln auf dem Weg der Selbstfindung und Selbstverwirklichung. Allerdings bietet sie diese Hilfe auf ihre Weise: sie bleibt auf Distanz, um seinen Bedürfnissen und denen des Vaters – und auch wohl den eigenen – gerecht zu werden. Ihre Briefe schreibt sie in einer eigenen poetischen Sprache.

Sie führt Hans zu einem symbolischen „Mittelpunkt der Welt" – und erleichtert es ihm durch ihren Psychiatrieaufenthalt, die Ratschläge und Hinweise zu übergehen. Elle verweist ihren Bruder auf Persönlichkeitsdefizite, die er zwar erkennt, an die er aber nicht rühren möchte: seine mangelnde Bereitschaft, Position zu beziehen und sich für eine als richtig erkannte Einsicht auch einzusetzen. Sie nennt diese Indifferenz „Flüchtigkeit" oder eine mangelnde „Lust am Verweilen" (S. 123), für Hans ist es schlichte „Bequemlichkeit" (S. 85).

Der „Mittelpunkt der Welt"

Er reagiert völlig verständnislos, als Elle ihm auf einer kleinen Wiese am Parkrand der Psychiatrieanlage mitteilt, sie habe herausgefunden, „daß hier der Mittelpunkt der Welt ist" (S. 159). Ihm bleibt verborgen, daß es Elle um eine Reise zum Mittelpunkt seiner Persönlichkeit geht, um die Fähigkeit, sich selbst zu erkennen, zu begreifen und die eigenen Möglichkeiten und Grenzen zu erkunden.

Offensichtlich scheitert Elle hier als Mentorin. Trotz der Vertrautheit, die zwischen Hans und ihr besteht, geht er an keiner Stelle auf ihre Ratschläge ein. Was sie ihm vermitteln kann, ist lediglich ihre Wärme und Nähe: „Ich machte die Augen zu und wurde gestreichelt, das tat uns beiden gut. Es wäre besser gewesen, wenn wir uns beraten hätten, aber ihre federleichten Finger waren auch nicht schlecht." (S. 239) Weil er ihre Ratschläge nicht annehmen kann, bleibt er lange handlungsunfähig. Erst nachdem er sich Martha wieder anvertraut, kann sie ihm den entscheidenden Hinweis für ein

Ein offener Schluß

Zimmer geben, das ihn aus der Wohnung ihrer Eltern erlöst. Sie wandelt sich damit von der Geliebten zur Initiationshelferin, die eine neue Phase seines Entwicklungsprozesses in Gang setzt. Offen bleibt jedoch der Ausgang dieses Aufbruchs in die Erwachsenenwelt: dem Leser ist es überlassen, die Frage nach Erfolg oder Mißerfolg der Initiation zu beantworten. Hans Bronsteins zukünftige Unabhängigkeit und Selbständigkeit wird nur als vage Möglichkeit genannt.

In der Deutung dieses offenen Schlusses unterscheiden sich auch die Interpretationen des Romans, die sonst nur in Nuancen differieren. Bei Gudrun Klatt heißt es:

> „Hans Bronstein, der nun, als er alles aufschreibt, fast zwanzig Jahre alt ist, steckt in einer großen Lebenskrise. Ihr Ende ist noch längst nicht abzusehen." (Gudrun Klatt: „Vom Alp, der auf den Gehirnen der Lebenden lastet", S. 182)

Sander Gilman geht von einer gelungenen Initiation, dem Eingang in eine höhere, reifere und bewußtere Existenzphase aus:

> „Mit dem Tod einer Generation (...) wird Hans Deutscher werden, aber er wird jetzt auch Jude bleiben. Er wird nicht fähig sein, seine Identität aufzugeben, zu unterdrücken." (Sander Gilman: „Jüdische Literaten und deutsche Literatur", S. 286)

Die Position des Autors

Zwischen beiden Polen bewegt sich der Autor. Er verweist auf den Arbeitstitel seines Romans, um zu betonen, daß ihm das Ergebnis dieses Prozesses wesentlich weniger wichtig ist als die Entwicklung selbst:

> „Ich wollte, in einem frühen Stadium, dem Buch einen anderen Titel geben: ‚Wie ich ein Deutscher wurde'. Das ist vielleicht eine Antwort: Die alten Fronten dürfen nicht mehr stimmen. Die einen müssen nach und nach die anderen werden. Viele müssen die Seiten wechseln. (...) In der Regel beschränkt man sich auf das Vorher und Nachher (...) Wie kann man aber das ‚Während' vorführen,

den entscheidenden Vorgang selbst? Etwas schildern, was einem Prozeß nahekommt und nicht nur Ursachen und Folgen beschreibt." (Volker Hage/ Jurek Becker: „Hinter dem Rücken des Vaters", S. 342)

Der schließlich gewählte Titel läßt den Leser ratlos. Der Familienname erscheint an keiner Stelle des Romans, außer im Titel. Für den historisch bewußten Leser ist er ein sprechender Name, er verweist auf den bürgerlichen Namen des russischen Revolutionärs Leo Trotzki. Bronstein/Trotzki ist verbunden mit der Theorie der „permanenten Revolution" und gehört zu den intellektuellen jüdischen Abweichlern vom orthodoxen Kommunismus, die zu Opfern Stalinscher Vernichtungspolitik wurden: seine Ermordung im mexikanischen Exil geht auf einen Auftrag des sowjetischen Geheimdienstes zurück. Der Titel ist möglicherweise nicht mehr als ein blindes Motiv; in ihm könnte aber auch ein Hinweis auf Trotzkis Ideen angelegt sein: daß die Geschichte nicht stillsteht und Juden nicht dazu verdammt sind, auf ewig Opfer zu sein. Damit würde der Titel bereits einen Funken Hoffnung ausdrücken, nicht mehr: Trotzkis Zielsetzung blieb im wesentlichen erfolglos, sein Tod war brutal, weder in Ost noch in West hat sein Konzept zahlreiche Nachfolger gefunden.

Der Autor sieht seine Titelwahl wesentlich banaler – wobei offen bleibt, ob er es wirklich besser weiß:

Bronstein/Trotzki

> „Das Buch ‚Bronsteins Kinder' wollte ich ursprünglich anders nennen. ‚Bronsteins Kinder' ist ja ein völlig willkürlicher Titel. (...) Bevor ich loslegte zu schreiben, hieß das Buch für mich: ‚Wie ich ein Deutscher wurde'. Das hielt ich für einen guten Titel. Und das haben mir alle ausgeredet: der Verlag und Freunde und meine Frau – alle haben gesagt, was das für ein unmöglicher Titel sei, das klinge wie eine Türkengeschichte oder wie ein Essay übers Asylrecht. Ich hätte natürlich sagen können: Ihr könnt mich alle mal. Aber wenn zu viele wohlmeinende Menschen einer Ansicht sind, dann packt mich irgendwie Angst." (in: Karin Graf/Ulrich Konietzny [Hg.]: „Jurek Becker", S. 71)

Sprache, Erzählweise und Erzählperspektive

1. Sprache

Ein nüchterner
Ton

Ein schnoddrig-emotionsarmer Ton kennzeichnet den Erzählerbericht in „Bronsteins Kinder". Schon der Einführungssatz, mit dem der Erzähler dem Leser entgegentritt, deutet auf das Geschehen und die Tonlage des Berichts voraus: „Vor einem Jahr kam mein Vater auf die denkbar schwerste Weise zu Schaden, er starb." (S. 7) Dieser Satz nimmt das Ergebnis des Geschehens vorweg und verlegt damit das Interesse der Leser vom Ausgang auf den Prozeß der Handlung: wenn feststeht, daß Arno Bronstein an den Folgen der Entführung und Folter stirbt, tritt die Motivation für sein Vorgehen wie für den Prozeß, den es beim Erzähler auslöst, in den Vordergrund.

Die zugespitzte Pointierung ist auch Ausdruck des problematischen Verhältnisses zwischen Vater und Sohn. Dies wird im folgenden Satz noch deutlicher: Er bezeichnet den Tod des Vaters zunächst wertfrei als „Ereignis", dann erst als „Unglück", wobei offen bleibt, ob diese Einschätzung sich auf den Vater oder den Sohn bezieht. Der dritte Satz dieses Abschnitts gibt eine knappe Begründung für die Krise, in der sich der Erzähler befindet: „Ich habe es kommen sehen", läßt Selbstvorwürfe des Sohnes spüren, der nicht fähig war einzugreifen, um den Automatismus der Handlung zu unterbrechen.

Expositorische
Funktion des
I. Kapitels

Die weiteren Abschnitte des ersten Kapitels differenzieren die expositorische Funktion: sie benennen die zwei Zeitebenen des Erzählens, charakterisieren das kleinbürgerliche Leben bei den Eltern Marthas, gehen auf das distanzierte Verhältnis von Arno Bronstein und Hugo und Rahel Lepschitz ein, kennzeichnen den Wandel in der Beziehung zwischen Hans und Martha. Der Erzähler stellt sich als nachgiebiger, weicher Mensch vor, der möglichen

Konflikten beizeiten aus dem Weg geht, und nennt seine Pläne für ein Philosophiestudium. Er deutet mit Verweis auf den „Matze" essenden Hugo Lepschitz auch das problematische Thema jüdischer Identität an.

Der Rückzug des Erzählers in sein Zimmer wird auch typographisch durch eine Leerzeile im Text veranschaulicht. Isolation ist typisch für seinen Zustand seit einem Jahr. Hans skizziert in wenigen Worten seine Vereinzelung, die er auf den Beziehungsverlust in der Familie wie der Freundin gegenüber zurückführt. Der Kapitelschluß mit seiner zunächst unverständlichen Pointe verweist auf den Versuch, die eigenen Erfahrungen zu rationalisieren, und leitet damit zu den weiteren Abschnitten über.

Hans Bronsteins ironischer Tonfall ist differenziert: geht es um den Vater, wandelt er sich in beißenden Sarkasmus, der verletzend wirken soll, um Reaktionen zu provozieren – so, wenn Hans Arno und Kwart vorhält: „Ihr seid unglaublich vorsichtig: an dem einen Tag stehe ich plötzlich im Haus, an dem anderen springt euch der Mann aus dem Fenster." (S. 188) Distanziert unsentimental beschreibt er dagegen die kleinbürgerlichen Verhältnisse bei den Eltern von Martha, ohne sie jedoch lächerlich zu machen: „Sie sehen fern wie jeden Abend, sie kennen keine schönere Beschäftigung, als nach Ähnlichkeiten zwischen Gesichtern auf dem Bildschirm und solchen, die sie persönlich kennen, zu suchen. Man kann nur staunen, wie groß ihr Bekanntenkreis ist, denn an jedem Abend landen sie Treffer." (S. 9)

Ironie

Zahlreiche Metaphern versuchen die psychische Situation des Erzählers wiederzugeben. Auch hier finden sich im wesentlichen zwei Varianten: Bilder, die aus dem Alltag stammen und daher Eindrücke nur noch verstärken wie „In meinem Zimmer ist es eng wie im Neuner-Bus" (S. 13); „Wo kommt auf einmal der Rest an Zuneigung her, dieser Bodensatz in einem Topf, den ich für leer gehalten habe?" (S. 13) Wenn er dagegen feststellt: „Vaters Jacke hing am Fenstergriff und schluckte das halbe Licht" (S. 40), erscheint die Situation verfremdet,

Metaphorik

gerät nicht nur die brüchig gewordene Ordnung im Haushalt der Bronsteins ins Zwielicht, wird auch der bedrohliche Einfluß der Vergangenheit spürbar. Mit beiden Mitteln, Ironie wie Verfremdung, will der Autor seine Leser irritieren, Identifikation und Mitleid mit seinen Figuren verhindern:

> „Ich suche den einem Stoff unangemessenen Erzählstil. Wenn ich eine Geschichte erzählen möchte, die man, wenn man nichts anderes hört als die äußeren Umstände, als Tragödie empfindet, suche ich den komischen Weg, sie zu erzählen. Wenn ich eine Geschichte habe, die saukomisch klingt, suche ich die Tragödie daran." (in: Karin Graf / Ulrich Konietzny [Hg.]: „Jurek Becker", S. 65)

Understatements

Pathos und Sentimentalität, die als großsprecherische Geste dem Alter des Erzählers durchaus naheliegen würden, vermeidet Becker, indem er emotionales Understatement zu einem wesentlichen Charakterzug der Sprache macht. Das zeigt sich in den dezidierten Behauptungen Hans Bronsteins – „Bestimmt hatte sie die besten Absichten, auch wenn heute alles verloren ist" (S. 8); „Ich will nicht behaupten, wir wären noch ein Herz und eine Seele, aber das Ende aller Bemühungen wäre noch nicht gekommen" (S. 14). Häufig, wie im letzten Beispiel, ist seine Sichtweise erkennbar subjektiv, verzerrt seine Betroffenheit eine realistische Einschätzung der Verhältnisse.

Jugendlicher Jargon

Unterstützt wird diese betonte Urteilssicherheit durch eine knappe, jugendlich-jargonhafte Sprache: „plötzlich hängt ihnen ein Untermieter am Hals, ein Trauerkloß von einem Untermieter, der nicht genügend Feingefühl besitzt, sich nach erloschener Liebe zu verdrücken." (S. 11) Vorgebliche Lässigkeit und Gleichgültigkeit spricht aus diesen Sätzen, die aber durch die Metaphorik auf eine dahinterliegende Verletztheit verweisen, die der Sprecher nicht ganz zu unterdrücken vermag.

Verzicht auf Adjektive

Der lapidare Ton wird auch durch die reduzierte Sprache erzeugt, einem weitgehenden Verzicht Jurek Beckers auf Adjektive: er geht bewußt sparsam mit dieser Wortart um, denn:

„Man muß sich darüber im klaren sein, daß Adjektive sozusagen die Minen einer Sprache sind. Wenn Sie auf eine treten, explodiert der Satz. Natürlich muß ich verantwortlich damit umgehen, um nicht schon in der Mitte des Buches nur tote Leser oder verletzte und verwundete Literaturfreunde zu haben." (in: Irene Heidelberger-Leonard [Hg.]: „Jurek Becker", S. 103)

Erzählen als Therapie

Der zeitliche Abstand von einem Jahr ermöglicht die distanzierte Haltung des Erzählers und verlangt damit auch Reflexion über das Geschehen. Hans Bronstein erzählt von seinen Erlebnissen, um sich in einem Akt der Selbsttherapie von den bedrückenden Erinnerungen zu befreien und erzählend Ordnung in das von ihm Erlebte zu bringen, einen Sinn aus ihm zu gewinnen: „Ich vermute, daß man sich von Ereignissen, die aus dem Gedächtnis entfernt werden sollen, zunächst ein möglichst genaues Bild machen muß; und dies gilt wohl erst recht für Erinnerungen, die man bewahren will." (S. 15) Das Vorgehen des Erzählers zeigt damit einen Reifungsprozeß, der ihn dazu bringt, mit den Erfahrungen umzugehen und bei aller Unsicherheit über seinen zukünftigen Platz in der Gesellschaft eine neue Phase seines Lebens zu beginnen.

Distanz als aufklärerisches Konzept

Die kühl-distanzierte Haltung, mit der Jurek Becker seinen Ich-Erzähler ausstattet, verweist auf einen Kontext aufklärerischer Tradition, die Theodor W. Adorno als einzig möglichen Zugang der Opfer faschistischer Gewalt in der Auseinandersetzung mit der Vergangenheit beschrieben hat:

„(…) darum mag falsch gewesen sein, nach Auschwitz ließe kein Gedicht mehr sich schreiben. Nicht falsch aber ist die minder kulturelle Frage, ob nach Auschwitz sich noch leben lasse, ob vollends es dürfe, wer zufällig entrann und rechtens hätte umgebracht werden müssen. Sein Weiterleben bedarf schon der Kälte, des Grundprinzips der bürgerlichen Subjektivität, ohne das Auschwitz nicht möglich gewesen wäre: drastische Schuld des Verschonten." (Theodor W. Adorno: „Negative Dialektik", S. 355)

Auf die Biographie des Autors ließe sich so die Erzählhaltung des Romans zurückführen. Jurek Bekker bestimmt sein Vorgehen selbst dagegen mit wirkungsästhetischen Argumenten:

> „Die Erfahrung sagt mir, daß dieses Mitgefühl wie ein Strohfeuer ist – schnell entfacht und schnell verloschen. Manchmal steht es dem Begreifen sogar im Wege, denn es mündet oft in Befangenheit. Es muß doch möglich sein, sich kühl und distanziert mit einer Sache zu beschäftigen, von der man es gewohnt ist, daß sie einem die Tränen in die Augen treibt." (Volker Hage/Jurek Becker: „Hinter dem Rücken des Vaters", S. 339)

Elles Briefe

Ganz anders als Hans Bronstein nimmt seine Schwester Elle die Realität wahr. In ihren schriftlichen Äußerungen hat sie einen Stil entwickelt, der sich von der Alltagssprache abhebt. Die drei Briefe, die der Roman enthält, sind daher auch schon im Druckbild – durch Kursivdruck und Zeilenstruktur – hervorgehoben. Von der Normsprache unterscheiden sich Elles Texte durch eine eigene Rechtschreibung: Auf Satzzeichen verzichtet sie – mit Ausnahme der drei Auslassungspunkte – völlig. Groß- und Kleinschreibung, Zusammen- und Getrenntschreibung folgen ihren eigenen Regeln; dabei entsteht durch die Veränderungen mitunter ein neuer Sinn, so in Konkretisationen wie „ab Handen", „Messer scharf" (S. 122), „hart Näkkigkeit" (S. 281). Eine weitergehende Abkehr von der Regelsprache findet sich in Elles Wortneuschöpfungen wie „Munterhaltung" (S. 121), „Großprüfung" (S. 122), „Augenlärm" (S. 191), „verinnern" (S. 193), „fremder Unmann" (S. 282), die sich aber noch eng am alltagssprachlichen Gebrauch orientieren und damit leicht verständlich sind. Auch die Metaphorik – „erst dann aber stellt sich heraus / ob du ein Blauer bist oder ein Gelber" (S. 282) – ist nicht so weit chiffriert, daß der Leser Deutungsschwierigkeiten bekäme. Assoziativ und sprunghaft entwickelt sie ihre Vorstellungen: „Plötzlich kommt mir ein böser Gedanke..." (S. 283)

Elles Sprache erhält damit insgesamt einen poetischen, mitunter surrealen Ton, was auch durch die
Schreibsituation bedingt zu sein scheint: Ihre Briefe entstehen nachts, was im ersten und dritten
Schreiben an ihren Bruder besonders hervorgehoben wird. Elle versteht sich als Medium, das wie in
Trance automatisch schreibt, einer spiritistischen
Séance vergleichbar. Der fremdartige Stil ihrer
Briefe – in ihrer mündlichen Kommunikation verhält sich Elle völlig der Sprachnorm entsprechend
– könnte auf diese besondere Art des Schreibens
zurückgeführt werden. Elle selbst geht jedenfalls
davon aus, daß sie unbewußt, auf Befehl einer hö-
heren Macht, schreibt: „so lag ich schon im Bett /
als dieser Brief unüberhörbar mir zuflüsterte /
schreib mich schreib mich / nun bin ich etwas müde und hoffe / daß es Nicht auch noch einem zweiten Brief einfällt / geschrieben werden zu wollen"
(S. 283).

Die poetische Dichte, die aus diesen Briefen
spricht, bezeichnet Jurek Becker als ein Experi-
ment, um die ausgefahrenen Spuren der realistischen Prosa verlassen zu können:

> „Zum anderen hatte ich eine Lust, Gedichte zu
> schreiben, was ich nie konnte, was ich auch hier si-
> cher heute nicht kann: also eine bestimmte Art von
> Poesie zu produzieren, die mir bei mir selbst ver-
> dächtig vorkommt. (…) Eine Person, die scheinbar
> unnormal ist, drückt sich in einer, wie ich finde,
> sehr kurzschlüssigen, sehr einleuchtenden und so-
> zusagen neben der normalen Menschensprache
> stehenden Sprache aus." (Heinz Ludwig Arnold:
> „Gespräch mit Jurek Becker", S. 14)

2. Erzählweise

Auf zwei ineinander verschränkten Zeitebenen berichtet der Ich-Erzähler: aus der Erinnerung von
den Tagen vor dem Tod seines Vaters, dessen bislang fremd gebliebene Handlungs- und Denkweise
er zu verarbeiten versucht; in der Gegenwart über

die letzte Phase des Trauerjahres, in dem Hans sich aus der Verstrickung in seine traumatischen Erfahrungen befreien will. Beide Ebenen schreiten linear voran, so daß zwei selbständige Handlungsabläufe zerschnitten und ineinander gefügt werden.

So entstehen 36 kleinere, in sich relativ abgeschlossene Abschnitte. Sie sind jeweils auf einzelne Personen, Handlungsorte und -zeiten, Themenkomplexe bezogen, schließen aneinander an oder ergänzen und motivieren sich gegenseitig. Um Übergänge herzustellen und die Übersicht zu gewährleisten, werden häufig Zeit- oder Ortsangaben eingesetzt wie „Für den Morgen", „am Freitag vor dem Frühstück", „den halben Montag", „vor dem Schwimmbad"... Die Nennung von historischen Ereignissen spiegelt einen dokumentarischen Charakter vor. Sie deuten die Umrisse einer Zeitatmosphäre an, in der das Romangeschehen sich abspielt, ähnlich den konkreten Straßen- und Ortsangaben, die Ostberliner Lokalkolorit wiedergeben. Dabei ist aber zwischen der etwa 11 Tage umfassenden erinnerten Handlung und der weiträumiger berichteten aktuellen Handlung des Jahres 1974 zu unterscheiden: ein weiter zurückliegendes Geschehen kann der Erzähler präzise wiedergeben. Die letzten zwölf Monate werden dagegen kursorisch abgehandelt, der lethargischen Grundhaltung Hans Bronsteins nach dem Tod des Vaters entsprechend.

Zu dieser Beobachtung eines sehr dichten und präzisen Handlungsverlaufs paßt eine Bemerkung des Autors über seine Arbeitsweise:

> „Ich habe natürlich am Anfang ein Konzept, das aber während des Schreibens verändert wird. – Übrigens bei *Bronsteins Kinder* ist es wenig verändert worden. Ich hatte in meinem Arbeitszimmer auf Millimeterpapier Tagesabläufe gemalt, im Unterschied zu meinen anderen Büchern, haben die einzelnen Tage konkrete Daten; es ist einem Kapitel anzusehen, daß es zum Beispiel am 3. August 1974 spielt. Ich kannte die Ereignisse jener Tage recht genau, ich mußte wissen, in was für einer

Umgebung meine Figuren sich bewegen." (in: Irene Heidelberger-Leonard [Hg.]: „Jurek Becker"
S. 101)

Vier Handlungsstränge durchziehen den Roman:
die Entführung des Aufsehers im KZ Neuengamme
und seine „Befragung" durch Arno Bronstein und
zwei seiner Freunde; die Beziehung zwischen Hans
und seiner Freundin Martha, die sich immer fremder werden; das Verhältnis zwischen Hans und seiner Schwester, deren Rat er in seiner Unsicherheit
sucht, ohne ihm zu folgen; das Bemühen von Hans,
sich nach dem Tod des Vaters aus der Lethargie zu
befreien und neue Wege einzuschlagen. Themati-
sche Aspekte wie die Frage nach jüdischer Identität, der Verarbeitung von Aggression oder des Um-
gangs mit der Geschichte finden sich in unter-
schiedlicher Variation in allen vier Strängen; sie
binden die divergierenden Partien zusammen.

**4 Handlungs-
stränge**

„Bronsteins Kinder" läßt spüren, daß Jurek Becker
ein routinierter Drehbuchautor ist, der seit 1962
beim staatlichen Filminstitut der DDR, der DEFA,
als Filmschreiber fest angestellt war. Seit seinem
Aufenthalt in der Bundesrepublik arbeitete er an
Drehbüchern für Filme von Peter Lilienthal und
Thomas Brasch mit. Im September 1983 begann er
mit der Arbeit an seinem ersten Fernseh-Dreh-
buch, der Erfolgsserie „Liebling-Kreuzberg".
„Bronsteins Kinder" war die erste Arbeit Beckers
nach diesem Engagement beim Fernsehen. An einigen Stellen zeigt sich, daß der Roman von den
Drehbucherfahrungen geprägt ist: inhaltlich in
den breit angelegten Atelierszenen; strukturell in
der spannungsfördernden Unterbrechung von
Handlungsfäden, die wie in einer Serie an anderer
Stelle wieder aufgenommen werden – so die
Schwimmprüfung in den Abschnitten 3, 4 und 5,
das Engagement Marthas beim Film in 6, 8, 13, 16,
17, 18, 21, 22, 23. Häufig sind die einzelnen Kapitel
auf Pointen hin konzipiert, die witzig-knapp formuliert – „So etwa." (S. 106) –, kontrapunktisch
angelegt sind – „Ich habe Elle noch nie ein Bild ge-
schenkt" (S. 124) – oder die Situation so verrätseln,
daß der Leser in der weiteren Fortführung der

**Drehbuch-
charakter**

Handlung eine Lösung erwartet – „Der Mensch ist kein Flußbett" (S. 15).

Detektivroman

Diese Elemente sind zugleich Versatzstücke des Detektivromans, als der „Bronsteins Kinder" auch konzipiert ist: am Beginn der Handlung steht ein Todesfall, dessen Erkundung Gegenstand der Handlung ist. Rückblickend werden die Motive der Täter, der Ablauf des Geschehens, kurz die Ermittlung des Tathergangs aufgerollt. Obwohl das Ergebnis der Handlung – der Tod des Vaters – bereits mit dem ersten Satz des Romans feststeht, wird der Spannungsbogen aufrechterhalten, wenn Hans immer wieder versucht, die Katastrophe aufzuhalten, das Folteropfer zu befreien und den Vater aus seiner Verstrickung zu lösen. Die Aufklärung des Geschehens wird durch einige Episoden künstlich verzögert – Elles Briefe, die schon formal am Rand der realistischen Erzähltradition stehen, oder den Bootsausflug von Hans und Martha. Erst auf der letzten Seite der Romans erfährt der Leser, wie es zum Tod Arno Bronsteins kam. Die Ermittlung des Tathergangs läuft dabei in eine Ermittlung des Ich-Erzählers über seine eigene Position und die der anderen Personen über; die Geschichten vermischen sich.

3. Erzählperspektive

Aufteilung in „erzählendes" und „erlebendes Ich"

Die Erzählhaltung in „Bronsteins Kinder" ist durchgehend die eines Ich-Erzählers, der in Rückblenden über die Ereignisse vor einem Jahr berichtet und mit der eigenen Gegenwart in Beziehung setzt. Während das „erlebende Ich" die Vorgänge um den Tod des Vaters miterlebt, betrachtet das „erzählende Ich" aus der Distanz eines Trauerjahres die Erfahrungen und kommentiert ironisch oder selbstkritisch das eigene damalige Verhalten. Diese zweischichtige Struktur des Romans wird jedoch vielfältig variiert, was im folgenden an zwei Textpassagen detailliert dargestellt werden soll.

Das II. Kapitel (S. 36–39) charakterisiert das Verhältnis zwischen Hans und Martha, indem es die Rivalität der beiden um einen Brief Elles schildert. Es beginnt mit einem knappen Erzählerbericht, der im zweiten Abschnitt in einen Inneren Monolog übergeht: vier Fragen belegen die Einstellungsunsicherheit des erzählenden Ich. Der dritte und vierte Abschnitt enthält eine ausführliche Rückblende; in der indirekten Rede, durch ein zweifaches „sie sagte" eingeführt (S. 36), gibt Hans im Präsens Marthas Einschätzung der psychischen Situation Elles wieder, wechselt danach ins Präteritum des Erzählerberichts zurück, um im folgenden Satz seine Bewertung der Position des Vaters im Präsens folgen zu lassen. Dann erst wird die Rückblende fortgesetzt, unterbrochen lediglich durch eine generelle Einschätzung. „Alle vermuten..." (S. 37).

Kapitel II:
1. + 2. Abschnitt

Der folgende Abschnitt führt in die Gegenwart des Erzählerberichts zurück. In ihn ist ein innerer Monolog eingeschoben, in dem Hans durchspielt, was es bedeuten würde, den Brief seiner Schwester an Martha zu öffnen. Der anschließende Dialog zeigt in den knappen Vorwürfen, Fragen und unvollständigen Sätzen, wie schwierig die Kommunikation geworden ist. Pointiert faßt der letzte Satz die Situation zusammen und beschließt die Szene durch den Abgang des Erzählers.

5. Abschnitt

Das anschließende 3. Kapitel (S. 40–49) schildert die Vorgänge um seine Schwimmprüfung ein Jahr zuvor. Im ersten Abschnitt weist die Zeitangabe – „das von der Nacht noch dalag" (S. 40) – auf das 2. Kapitel zurück; im zweiten Abschnitt wird eine Rückblende im Plusquamperfekt eingeschoben, erst der dritte Abschnitt beschreibt die Vorbereitungen zur Prüfung. Die Nervosität, die Hans in der Prüfungssituation und als Folge der Entdeckung im Waldhaus befällt, kommt zunächst in seinen Gedanken während eines Sprungs vom Fünf-Meter-Turm zum Ausdruck, unterstrichen durch einen knappen Erzählkommentar im Präsens – „man stellt sich nicht vor" (S. 41).

Kapitel 3:
1.–3. Abschnitt

Nach Abschluß der Prüfung kann Hans sich vollkommen auf die Ereignisse des vorhergehenden Tages konzentrieren; mit vier Alternativfragen in

**Der weitere
Verlauf**

Form einer erlebten Rede überlegt er mögliche Konsequenzen. Aus diesen Gedanken wird er durch einen penetrant die Baderegeln einfordernden Mitschüler herausgerissen. Er bringt ihn durch einen Faustschlag zur Ruhe und muß sich anschließend dafür entschuldigen: geschildert in einer dramatischen, dialogischen Szene. Die Reflexion seines Verhaltens geht in einen kurzen Inneren Monolog über: „Wodurch war ich in einen Zustand geraten..." (S. 44) Die Erklärung des Lehrers für sein aggressives Verhalten trifft Hans unvermittelt; in direkter Rede gibt er quasi-dokumentarisch den vermutlichen Wortlaut seiner Argumentation wieder, daher der Wechsel ins Präsens, die Perspektive des Lehrer-Ich, das angesprochene Schüler-Du und das referierende „Hans ist Jude" (S. 47). Die Bedeutung dieser Erklärung, die impliziert, daß Hans wegen seines beschnittenen Penis die Badehose nicht ausziehen wollte, wird durch den Kursivdruck der Passage noch hervorgehoben. Hans reagiert empört und verweist als Gegenargument auf die Ansicht Arnos, die er im Präsens einer indirekten Rede zusammenfaßt: „Es gebe überhaupt keine Juden." (S. 48) Erst einige Minuten später kann er formulieren, was er dem Lehrer hätte antworten wollen. Auch diese Entgegnung wird durch den Kursivdruck hervorgehoben, steht im Originalton der 1. Person Singular und im Präsens. Der letzte Abschnitt dieses Kapitels schließt wiederum die Szene durch den Abgang des Erzählers ab und leitet zum übernächsten Kapitel über.

Der Leser muß sich auf die durchgehend subjektiven Erfahrungen des Ich-Erzählers einlassen, die der Autor kommentarlos aneinanderreiht. Ein eigenes Bild von der geschilderten Vergangenheit kann er nur erhalten, wenn er sich darum bemüht, die heterogenen, teilweise widersprüchlichen Bruchstücke der Erinnerung zusammenzufügen. **Subjektive Erzähl-perspektive** Die subjektive Perspektive des Romans ermöglicht einen unmittelbaren Zugang zur Welt des Erzählers, sie verengt aber auch den Blickwinkel: der Leser wird dazu verführt, sich auf den Erzähler zu verlassen und dessen Einschätzung der Ereignisse zu übernehmen. Immer wieder wird er jedoch darauf gestoßen, daß Hans dieses Vertrauen eigentlich nicht verdient. Seine offensichtlichen Fehldeutungen – etwa in bezug auf eine mögliche Fortsetzung der Beziehung zu Martha (s. S. 14) –, v. a. aber Elles Briefe bieten eine relativierende Sicht an, die den Leser davor bewahrt, allzu blauäugig dem Erzähler zu folgen. Jurek Becker übernimmt hier die Rolle eines Chronisten, der nicht vorgibt, klüger als sein Publikum zu sein, Lösungen für die gezeigten Probleme anbieten zu können. Seine Position läßt das Mißtrauen gegenüber einer moralischen, belehrenden Aufgabe von Literatur erkennen, das gerade von Autoren aus der ehemaligen DDR formuliert wird. Christoph Heins Roman „Horns Ende", dessen Handlung sich aus den Berichten fünf verschiedener Berichterstatter zusammensetzt, stellt einen ähnlichen Versuch der „Vergangenheitsbewältigung" dar. Aus der distanzierten Haltung der Autoren spricht die Reaktion auf eine jahrzehntelang geforderte Parteilichkeit der Literatur, die ihnen eine wertende Haltung autoritär vorschrieb.

Der Struktur einer Novelle vergleichbar, geht Jurek Beckers Roman auf ein zentrales Ereignis, eine „sich ereignete, unerhörte Begebenheit", zurück. Dem gleichen Muster folgt die geringe Zahl der Personen und die Sichtweise des Geschehens auf zwei Zeitebenen, vergleichbar der Unterscheidung von Rahmen- und Binnenhandlung in der Novelle. Im Unterschied zum Novellenschema beschränkt sich die Handlung jedoch nicht auf das ungewöhnliche Ereignis, es wird vielmehr zu einem auslösenden Faktor für die Lebenskrise und zunehmende Reife Hans Bronsteins. Der knappe Novellenkern des Romans trägt dazu bei, daß die Handlung nicht ausufert, sondern Spannung trotz aller Verästelungen aufgebaut und aufrechterhalten werden kann.

Novellenstruktur

Beckers Fabulierkunst wird in der Literaturkritik immer wieder auf die Tradition jiddischen Erzählens zurückgeführt, die anekdotenreiche Lebens-, Denk- und Sprechform des osteuropäischen Schtetls. Jurek Becker verwahrt sich jedoch gegen die These, von jüdischer Kultur beeinflußt zu sein. Über die Stiltradition seines ersten Romans schreibt er:

Tradition jiddischen Erzählens

„Als mein Buch *Jakob der Lügner* erschienen war, schrieben einige Rezensenten, ich befinde mich damit in der Erzähltradition Scholem Alejchems und Isaac Baschevi Singers. Tatsache ist, daß ich zum erstenmal Scholem Alejchem las, nachdem ich das Musical *Der Fiedler auf dem Dach* gesehen hatte, eine Weile nach dem Buch. Und von Singer kenne ich bis heute keine Zeile."

Unbewußte Einflüsse?

Aber er setzt eine Pointe an den Schluß des Textes, die seine Überlegungen in Frage stellt und unbewußte Einflüsse durchaus für möglich hält:

„Ich stelle mir vor, ich irrte mich in einer so wichtigen Frage (...). Ich stelle mir vor, ich verkennte Einflüsse, die ganz gravierend sind, ich sähe Beziehungen nicht, die unübersehbar sein müßten, ich fühle mich nicht als Jude, bin aber in hunderterlei Beziehungen einer. Na und? Wozu, frage ich mich, muß ich einem solchen Rätsel unbedingt auf den Grund kommen wollen?" (in: Irene Heidelberger-Leonard [Hg.]: „Jurek Becker", S. 23 f.)

Biographische Bezüge

Biographische
Daten

Jurek Becker wird 1937 in Lodz als Sohn jüdischer Eltern geboren. Das offizielle Geburtsdatum, der 30. September, ist eine fiktive Angabe: 1939 macht ihn der Vater im Ghetto von Lodz zwei Jahre älter, um so – erfolglos – zu versuchen, den Sohn vor dem Abtransport in die Lager zu bewahren; nach dem Krieg kann er sich weder an Geburtsmonat noch Geburtstag erinnern.

1945 läßt sich der Vater in Ostberlin nieder. Nach Abitur und Militärdienst studiert Jurek Becker Philosophie an der Humboldt-Universität Berlin, bis er 1960 aus politischen Gründen von der Universität fliegt. Nach einem kurzen Studium am Filmzentrum Babelsberg wird er 1962 als Drehbuchautor bei der DEFA fest angestellt und schreibt Skripte für Film und Fernsehen.

Werkverzeichnis

1969 erscheint sein erster Roman „Jakob der Lügner", nachdem der Text als Drehbuch zunächst abgelehnt worden war. Erst 1974 wird er unter der Regie von Frank Beyer in der DDR verfilmt. 1973 erscheint sein zweiter Roman „Irreführung der Behörden", 1976 der dritte „Der Boxer". Jurek Becker wird 1973 in den Vorstand des Schriftstellerverbandes der DDR gewählt und erhält 1975 den Nationalpreis der DDR. Seit 1957 ist er Mitglied der SED, bis er 1976 öffentlich gegen den Ausschluß von Reiner Kunze aus dem DDR-Schriftstellerverband und gegen die Ausbürgerung Wolf Biermanns protestiert. Er wird daher aus der Partei ausgeschlossen; 1977 tritt er aus dem Schriftstellerverband aus und lebt seit Ende dieses Jahres mit Genehmigung der DDR-Behörden vorwiegend in West-Berlin.

Er reagiert auf die Ereignisse um Biermann und die Ausweisung zahlreicher Schriftsteller mit dem Roman „Schlaflose Nächte" (1978). 1980 folgt ein Band mit Erzählungen, „Nach der ersten Zukunft", 1982 der Roman „Aller Welt Freund" und 1986 „Bronsteins Kinder". Der vorläufig letzte Roman Jurek Beckers, „Amanda herzlos", erscheint 1992. Einem großen Publikum ist er durch seine Drehbücher für die Fernsehserie „Liebling-Kreuzberg" bekannt geworden, für die er 1987 den Adolf-Grimme-Preis in Gold erhält.

Drei Romane zum Thema Juden/Judentum

„Bronsteins Kinder" ist der dritte Roman Jurek Beckers, der sich mit den Erfahrungen des Holocaust und den Auswirkungen der Verfolgung bei den Überlebenden beschäftigt. „Jakob der Lügner" (1969), sein Debütroman, wird zu einem großen Erfolg, vor allem aufgrund seiner ungewöhnlichen Perspektive, denn erstmals erscheint der Alltag in einem polnischen Ghetto aus der Sicht der Betroffenen: nicht als Opfer des Holocaust geraten sie ins Blickfeld, sondern als Subjekte ihrer eigenen Geschichte. Sie können zwar die Katastrophe – den Abtransport in die Lager – nicht aufhalten, die Symptome des Leidens, die Verzweiflung und die hohe Selbstmordrate, aber lindern.

„Jakob der Lügner"

„Der Boxer"

Der 1976 folgende Roman „Der Boxer" liest sich wie eine Fortsetzung von „Jakob der Lügner". Aron/Arno Blank hat den Holocaust überlebt; er bemüht sich, in der Nachkriegszeit eine neue Existenz aufzubauen. Von einem Interviewer befragt, gibt er Auskunft über sein Leben, allerdings nur soweit er sich erinnern kann oder soviel er preisgeben will. Das Verhältnis zu seinem Sohn Mark steht im Zentrum des Geschehens. Seine Frau und zwei seiner Kinder wurden im KZ ermordet, das jüngste – Mark – läßt er über eine Suchorganisation aufspüren, wobei offenbleibt, ob er tatsächlich sein Sohn ist. Arno verschweigt ihm die Wahrheit über ihre Vergangenheit, um ihm den Weg in die Zukunft nicht zu erschweren. Damit erreicht er jedoch nur eine völlige Entfremdung von seinem Sohn: Mark wirft ihm dieses Verhalten als Bevormundung vor. Um eine eigene Identität zu finden, wandert er als Erwachsener nach Israel aus; vermutlich stirbt er als Soldat im Sechs-Tage-Krieg von 1967.

„Bronsteins Kinder"

„Bronsteins Kinder" schließt damit vom Stoff und den Motiven her eng an Beckers vorhergehende Romane an: Entsprechungen finden sich auch in der Namensumwandlung des Vaters und seiner Tätigkeit als Schieber in den ersten Nachkriegsjahren; auch die Selbstjustiz ist thematisch bereits im „Boxer" angelegt. Erzählt der Autor in „Jakob der Lügner" und „Der Boxer" allerdings aus der Perspektive der Opfer, übernimmt er nun die Sicht der nachgeborenen Generation in der Auseinandersetzung mit der Vergangenheit ihrer Eltern.

Autobiographische Züge lassen sich den Romanen Jurek Beckers in vielfältiger Weise entnehmen. Die Texte spielen fast ausschließlich in der DDR, und sie beschäftigen sich mit zwei Themenkomplexen, die alternierend Schwerpunkte setzen: in „Jakob der Lügner", „Der Boxer" und „Bronsteins Kinder" Probleme jüdischer Identität im Dritten Reich und in den Jahren nach 1945; in den dazwischenliegenden drei Werken greift der Autor die Schwierigkeiten auf, als Sozialist in der DDR zu leben.

Autobiographische Elemente …

Dennoch wäre es unsinnig, einen authentischen Stoff spiegelbildlich in seinen Werken wiederfinden zu wollen. Becker modelliert seine Erfahrungen vielmehr neu, um sie für seine künstlerische Arbeit nützen zu können. Vor der Gefahr, das Verhältnis von autobiographischer Erfahrung und dichterischer Verarbeitung zu eng zu verstehen, warnt er seine Leser:

… und künstlerische Verarbeitung

> „Das meiste, was ich erlebe, ist nicht gut genug, um es aufzuschreiben. Ich nehme mir davon, was ich brauche. (…) Ich erfinde mir eine Geschichte zusammen, mache mir eine Geschichte zurecht, und nur insofern von mir Erlebtes für diese Geschichte von Belang ist, taucht es darin partiell auf." (Heinz Ludwig Arnold: „Gespräch mit Jurek Becker", S. 4)

Seine jüdische Herkunft hat das Leben Jurek Beckers in den ersten Jahren maßgeblich bestimmt:

Jüdische Herkunft

> „Dabei hat der Umstand, daß ich in eine jüdische Familie hineingeboren wurde, für meinen bisherigen Lebenslauf nicht eben kleine Folgen gehabt. (…) Als der Krieg zu Ende war, hat sich meine Familie, eine ehedem fast unübersehbare Personenschar, wie ich höre, auf drei Überlebende redu-

ziert: auf meinen Vater, auf eine Tante (…) und auf mich." (in: Irene Heidelberger-Leonard [Hg.]: „Jurek Becker", S. 18)

Sechs Jahre, zwischen 1939 und 1945, hat er in den Konzentrationslagern Ravensbrück und Sachsenhausen verbracht. Erst mit Hilfe einer amerikanischen Suchorganisation findet der Vater, der in einem anderen Lager überlebt hat, seinen Sohn wieder. Die Mutter ist im KZ gestorben, an sie hat Jurek Becker kaum Erinnerungen – daher auch die untergeordnete Rolle von Müttern in den Romanen des Autors:

> „Jedenfalls sind meine Erfahrungen mit Müttern sehr gering und merkwürdigerweise auch meine Lust, Mütter zu beschreiben." (in: Irene Heidelberger-Leonard [Hg.]: „Jurek Becker", S. 89 f.)

Muttersprache ist Polnisch

Beckers Muttersprache ist Polnisch, eine Sprache, die er nach der Befreiung schnell vergißt und durch Deutsch ersetzt, um in seiner neuen Umgebung akzeptiert zu werden. Er entdeckt, daß er durch den normgerechten Gebrauch von Sprache eine neue Identität entwickeln kann. Diese Erfahrung beeinflußt noch, wie Jurek Becker in einem Interview berichtet, die Verwendung von Sprache in seinen Werken:

> „Ich habe als Achtjähriger angefangen, Deutsch zu lernen. Das hat wahrscheinlich mein Verhältnis zur Sprache geprägt. Sprache zu lernen war für mich ein sehr bewußter Vorgang. Ich wollte, so schnell es irgend geht, von dem Manko runterkommen, nicht richtig Deutsch zu können. Ich wollte vorführen, wie ich die Sprache beherrsche. Lange schien mir das ein Vorteil, ich kam mir wie ein sehr formbewußter Autor vor. Heute scheint mir das eher ein Nachteil zu sein. Als Leser bewundere ich Autoren, die auf spielerische Weise mit Sprache umgehen, die, das habe ich mal in einem Vortrag gesagt, die Sprache zerbrechen, um nachzusehen, was drin ist. Ich spreche aber und ich schreibe außerordentlich genau und präzise und korrekt, so als wollte ich heute noch zeigen, daß ich es kann." (Heinz Ludwig Arnold: „Gespräche mit Jurek Becker", S. 11)

Diese Art des kontrollierten Schreibens, das Sprachelemente und Motive bewußt konstruierend einsetzt, legt auch die Maßstäbe fest, die Becker an literarische Werke richtet: er möchte nicht emotional auf den Leser einwirken, seine Kriterien sind vielmehr „Tiefgründigkeit, Sprachgenauigkeit oder Ernsthaftigkeit" (Jurek Becker: „Warnung vor dem Schriftsteller", Frankfurt/M. 1990, S. 50)

Jurek Becker verbindet mit dem Leben im Ghetto und in den Lagern keinerlei eigene Erfahrungen; er kennt, schreibt er 1989 anläßlich einer Fotoausstellung über das Ghetto in Lodz, diesen Ort „nur vom dürftigen Hörensagen". Er ist daher gezwungen, die Ereignisse zu rekonstruieren, die ihn geprägt haben, ohne daß er sich an sie erinnern kann. Für seine drei Romane über das Leben im Ghetto und die Spätfolgen dieser Erfahrungen recherchiert er, um authentische Informationen zu erhalten:

Kenntnisse über das Ghetto

> „Ich habe viele Gespräche mit denen geführt, die in Ghettos gewesen sind, ich habe Archive besucht, Bücher gelesen und Filme gesehen. Der Grund war freilich nicht nur der, daß ich alle diese Informationen beachten und berücksichtigen wollte. Ich wollte auch wissen, wann ich von der historischen Wirklichkeit abweiche. Es sollten mir keine plumpen Fehler unterlaufen, ich wollte die Abweichungen sozusagen komponieren." (Volker Hage / Jurek Becker: „Hinter dem Rücken des Vaters", S. 332)

Der Vater verweigert ihm beharrlich die Auskunft über seine KZ-Erfahrungen; „widerwillig und selten" habe er über die Vergangenheit gesprochen. Wenn er Geschichten aus dem Lager erzählt, berichten sie von heldenhaften Überlebenskämpfen und sollen Mitleid bei den Zuhörern erregen, ein bestimmtes „Quantum an Rührung" enthalten – ein Verfahren, das bei dem rational argumentierenden Sohn auf tiefe Abneigung stößt:

Rationalität statt Rührung

> „(…) mein Vater hatte eine Art Knopf auf der Brust, und wenn man da draufdrückte, kam, beim Erwähnen bestimmter Themen, die Rührung. Ich habe diesen Knopf nicht, und nicht nur das; wenn jemand diese Rührung zu erzeugen versucht, wer-

de ich mürrisch und ungeduldig und fühle mich eigentlich unangenehm berührt." (Heinz Ludwig Arnold: „Gespräch mit Jurek Becker", S. 6)

Isolation der Opfer

In ähnlicher Weise schildert in Beckers Roman Hans Bronstein, daß die Vergangenheit kein Thema zwischen ihm und seinem Vater gewesen sei. Auch Arnos Haltung schwankt zwischen der Weigerung, über das Leben im Konzentrationslager überhaupt zu berichten, und einer von Sentimentalität getragenen Erinnerung. Unfähig, die eigenen Lebenserfahrungen der folgenden Generation mitzuteilen, zeigt sich hier die Isolation der Opfer, von der Jean Améry schreibt:

> „So bin ich allein wie einstens unter der Folter. Die um mich sind, erscheinen mir nicht als Gegen-Menschen, wie damals die Peiniger. Sie sind die Neben-Menschen, nicht betroffen von mir und der mir zur Seite schleichenden Gefahr." (Jean Améry: „Jenseits von Schuld und Sühne", S. 151)

Ablehnung jüdischer Identität

Obwohl die Auseinandersetzung mit dem jüdischen Schicksal und den Schwierigkeiten, als Jude unter Deutschen zu leben, einen Schwerpunkt seiner literarischen Produktion ausmacht, hat Jurek Becker es in seinen Selbstaussagen konsequent abgelehnt, die eigene Identität aus der Abstammung und dem Glauben seiner Eltern definieren zu lassen. Für ihn als Atheisten spielt die jüdische Religion keine größere Rolle als andere Glaubensrichtungen, auch die jüdische Kultur und Tradition bewege ihn nicht mehr als andere, gegenüber der zionistischen Politik im Nahen Osten, die er wegen ihrer Annexionspolitik als „räuberisch" charakterisiert, empfindet er „nur Zorn (...), daß Menschen so mit Menschen umgehen".

Sich als Jude zu fühlen, versteht Jurek Becker als Konsequenz der antisemitischen Politik. In dieser Auffassung folgt er dem Verständnis Jean-Paul Sartres:

> „Nicht die Erfahrung schafft den Begriff des Juden, sondern das Vorurteil fälscht die Erfahrung.

Wenn es keinen Juden gäbe, der Antisemit würde ihn erfinden." (Jean Paul Sartre: „Betrachtungen zur Judenfrage", S. 10)

Einer von außen erzwungenen Zugehörigkeit zum Judentum verweigert sich Jurek Becker. Vorstellbar ist ihm allenfalls eine freiwillige Entscheidung, sich der Gruppe der Juden anzuschließen. Sie sei letztlich ein „intellektueller Entschluß", alles andere als eine Frage persönlicher Identität.

In kritischer Reflexion setzt sich der Autor daher mit der Frage einer jüdischen Identität auseinander. Die historischen Erfahrungen in der Form von Literatur aufzuarbeiten, bedeutet für Jurek Bekker, den Leser zu mehr „Empfindsamkeit" zu bewegen, sein Bewußtsein dafür zu schärfen, daß Gewaltanwendung in seiner nächsten Umgebung beginnt. Die alten Mechanismen des Antisemitismus tragen noch; früh sollte erkannt werden, unter welchen Bedingungen sie zum Ausbruch kommen:

Aufarbeitung historischer Erfahrungen

> „Ich sehe in der Welt, und in meiner Umgebung insbesondere, faschistoide Möglichkeiten. Ich sehe eine Art sich militant gebärdender Intoleranz, ich sehe Denkfaulheit, ich sehe Ignoranz, und davor füchte ich mich. Das heißt, es gibt bis heute – für meine Begriffe – nicht nur ästhetische Gesichtspunkte, sich mit faschistischer Vergangenheit, mit Nazivergangenheit auseinanderzusetzen, sondern auch politische Gesichtspunkte." (in: Karin Graf/ Ulrich Konietzny [Hg.]: „Jurek Becker", S. 60)

Seine 1990 formulierte politisch-moralische Position hat angesichts der gegenwärtigen Gewaltbereitschaft eine brisante Aktualität gewonnen.

Zur Verfilmung des Romans

Regie

1990/91 entsteht als Produktion der Berliner Nova-Film die Verfilmung von „Bronsteins Kinder". Verantwortlich für die Inszenierung ist einer der prominentesten Regisseure Polens, der 1922 geborene Jerzy Kawalerowicz. Er war lange Jahre Vorsitzender des Verbands polnischer Filmschaffender, hat sich durch seine Adaptionen literarischer Stoffe einen Namen gemacht und auch bereits erfolgreich mit dem ZDF zusammengearbeitet. Wie Jurek Bekker ist er Jude, der den Holocaust überlebt hat, und besitzt damit eine besondere Nähe zum Romansujet. Kawalerowicz hat für die Drehbuchgestaltung den Autor hinzugezogen, der für die Filmdialoge verantwortlich zeichnet. Als Koproduzent der Romanverfilmung, die im Sommer 1992 in die Kinos gelangt, wird das ZDF gewonnen, das am 9. Mai 1993 die Fernsehpremiere ausstrahlt.

Rollenbesetzung

Die Rollen sind prominent besetzt; vor allem drei Schauspieler besitzen internationales Renommee: Armin Müller-Stahl als „eindrucksvoller Protagonist" in der Rolle des Arno Bronstein „beweist einmal mehr seine schier unbegrenzten Qualitäten" (Rheinischer Merkur, 3. 7. 1992); Rolf Hoppe, der ehemalige KZ-Aufseher Heppner „als gepeinigter Täter, ungewaschen und feist, stets Ekel und Mitleid zugleich erregend, ein Mensch im Dreck und ohne Einsicht" (FAZ, 29. 6. 1992) und Angela Winkler als Elle Bronstein in einer „ihrer selbst kaum bewußte(n) Hellsicht" (ebd.) sind die Protagonisten des Films. Gegen diese Stars haben die anderen, unbekannteren Schauspieler Schwierigkeiten, sich zu behaupten: der Ostberliner Schauspieler Matthias Paul als Ich-Erzähler Hans Bronstein oder Katharina Abt in der Rolle seiner Freundin Martha.

„Werktreue"

Die Zusammenarbeit von Regisseur und Romanautor hat den Vorzug einer besonders werkgetreuen Wiedergabe des Prosatextes. Ebenso läßt sich aber leicht erkennen, daß Werktreue für eine filmische

Adaption nicht unbedingt ein Qualitätsnachweis ist. Jurek Becker hat, wie sich im Detail nachweisen läßt, den größten Teil der Textdialoge wörtlich im Film übernommen, und er hat das Konzept der Rückblenden beibehalten. Aus den 36 Abschnitten des Romans ergeben sich so 27 Filmsequenzen, von denen 22 sich mit der Vorgeschichte des Todes von Arno Bronstein befassen. Die Rückblenden folgen dabei – von wenigen Ausnahmen abgesehen – dem Handlungsablauf der Romanvorlage. Ausnahmen bilden dabei jedoch Anfang und Ende des Films: am Beginn wird eine Beerdigungsszene nach jüdischem Ritual eingeschoben. Sie legt die Ausgangssituation fest, findet für die Isolation Hans Bronsteins adäquate Filmbilder und verstärkt sie durch eine Erzählerstimme aus dem Off. Der Film endet mit dem Versuch des Erzählers, die Ketten des Folteropfers aufzufeilen. Er verzichtet damit auf die Schlüssel-Metapher, (vgl. S. 33) stellt jedoch einen in sich schlüssigen Spannungsbogen zwischen Beerdigung und Auffinden des toten Vaters her.

Lediglich in 5 kurzen Sequenzen wird die Gegenwart Hans Bronsteins einbezogen. Sie zeigen kurze Situationsskizzen: zwei S-Bahn-Fahrten, die durch eine ins Off gesetzte Erzählerstimme die inneren Monologe aufgreifen, mit denen im Roman die Isolation des Erzählers wiedergegeben wird; die vergebliche Zimmersuche des Erzählers oder die Beziehung zu seiner Schwester Elle.

Verzicht auf die 2. Erzählebene

Nahezu völlig verzichtet der Film damit auf die zweite Zeitebene des Romans, den Versuch des Erzählers, sich ein Jahr nach dem Tod des Vaters und der abgekühlten Beziehung zu Martha aus seiner Verstörung herauszuarbeiten. Mit dieser Entscheidung für eine schlichtere Handlungsabfolge, in der die Ereignisse des Sommers 73 fast nahtlos aneinander anschließen, verliert der Film jedoch eine Ebene jenseits der Oberfläche: die Überlegungen, Selbstzweifel, sprunghaften Wechsel von Entscheidungen, die Hans dann doch nicht ausführt, sind nicht zu sehen. Davon betroffen ist vor allem die Beziehung zu Martha, deren Scheitern nur knapp angedeutet wird. Die zwiespältigen Gefühle, die Hans ihr gegenüber ein Jahr nach der Beerdigung empfindet, müssen in diesem Konzept ausgespart bleiben. Der Film deutet lediglich in einer aktuellen Szene (Sequenz 16) an, daß Martha mit einem anderen Mann abends ausgeht. Die Berliner taz verweist in ihrer Filmrezension auf dieses Defizit:

> „Hans' zusätzliche Trauer über das Ende von Marthas Liebe, seine Eifersucht über die Trennung hinaus, sein verstohlener Blick auf die einst so geliebten Körperstellen, der pubertäre Hunger auf Zärtlichkeit und die Irritation über jedes weibliche Bein, die Brüste und Achselhöhlen der Frauen in der Straßenbahn: Im Film sehen wir nur, daß Hans und Martha früher verliebt waren und später nicht mehr." (die tageszeitung, 25. 6. 1992)

Reduzierte Bedeutung Elles im Film

Entsprechend wird auch die Bedeutung der Schwester für das Geschehen im Film reduziert. Sie erhält schon dadurch ein geringeres Gewicht, daß ihre Briefe ausgespart sind. In den Roman führen sie eine poetische Sprachebene ein und betonen damit die besondere Rangstelle Elles. Im Film tritt die Schwester lediglich in drei Sequenzen (9, 18, 22) selbst auf, als Hans das Sanatorium besucht, um bei ihr Unterstützung zu finden oder ihr Vorwürfe zu machen. Auch die ambivalente Zeichnung dieser Figur im Roman, die Frage nach dem Grad ihrer Verwirrung, ihrer vermeintlichen oder tatsächlichen Boshaftigkeit, wird nicht aufgegriffen. Damit erscheint ihr Part jedoch als zu gering, um den Titel des Films zu rechtfertigen: „Bronsteins Kinder" erweist sich in dieser Fassung als Dreiecksgeschichte, die zwischen Arno, Hans und Martha spielt. Dabei sind die Beziehungen zwischen Vater und Sohn, Sohn und Freundin relativ gleichgewichtig, ohne daß mehr als Spuren einer Beziehung zwischen Arno und Martha deutlich würden. Entsprechend wird der Film auch bei seiner TV-Präsentation von der Ansagerin angekündigt: „erzählt wird von einer zerbrechlichen Liebesgeschichte vor dem Hintergrund einer ungewöhnlichen Vater-Sohn-Beziehung." (ZDF, 9. 5. 1993)

Einseitige Betonung der Assimilation

Aber auch das Problem einer jüdischen Identität wird im Film auf die Frage nach der Legitimation später Rache an den Komplizen des Faschismus zusammengeschnitten. Die assimilatorische Haltung dem Judentum gegenüber, die Arno Bronstein zu Beginn des Romangeschehens vertritt – „Es gebe überhaupt keine Juden" –, wird zwar textgenau gesprochen und prononciert herausgearbeitet, indem diese Passage des dritten Kapitels in die 23. Filmsequenz verschoben wird, die Gegenposition fehlt jedoch: Jene Szene, in der die drei alten Juden sich auf jiddisch über die Erlebnisse im Lager unterhalten und von ihrem Zuhörer durch „eine nie benutzte Tür" getrennt sind (S. 218), ist im Drehbuch gestrichen. Sie hätte die Gestalt Arno Bronsteins ambivalenter gefaßt, seine Unversöhnlichkeit gegenüber den Tätern der Vergangenheit und der angeblichen Bewältigung im Arbeiter- und Bauern-Staat verständlicher; er wäre nicht „als etwas einfältiger Vater Bronstein: ein Jude so deutsch wie nur möglich in seinem verbohrten Anspruch, seinem Festhalten an der totalen Überzeugung, für die nur sein Leben steht" erschienen, so der Filmkritiker der FAZ am 29. 6. 1992.

Von ähnlicher Bedeutung ist die gestrichene Szene im Schwimmbad des dritten Kapitels: sie hätte die Betroffenheit des Erzählers verdeutlicht, der sich von der Aggressivität des Vaters infiziert sieht und sich seiner eigenen Haltung unsicher wird. Anders als in der Filmfassung geht es im Roman um mehr als die bloße Alternative, den ehemaligen KZ-Aufseher zu befreien oder stillzuhalten, zum Problem wird seine eigene Beziehung zum Judentum und seine Initiation in die Gesellschaft der Deutschen.

Fehlende DDR-Spezifika

Auch von der spezifischen Welt der DDR in der ersten Hälfte der siebziger Jahre kann sich der Zuschauer kein Bild machen; offensichtlich wurden alle Szenen, die sich im Buch auf Besonderheiten der sozialistischen Gesellschaft beziehen, gestrichen: so fehlen Hinweise auf die Weltfestspiele der Jugend oder die Polizeikontrollen, in die Hans bei seiner Suche nach Martha gerät (S. 274 f.). Der Film wird durch seinen Verzicht auf die besonderen Merkmale der DDR für ein bundesdeutsches Publikum der neunziger Jahre leichter rezipierbar, verliert damit jedoch an Authentizität und Atmosphäre.

Film-/Romansequenzen im Überblick

Filmse-quenzen	Ro-man-kapitel	Seiten-angaben	Inhalt	Kommentar
1	neu	14/10/15	Beerdigung nach jüdischem Ritual	Erzählerstimme aus dem Off
2	1	16	Liebesszene im Waldhaus	Kontrast; Klärung der Beziehung Hans–Martha
3	neu	7/14	Umzug/Verkauf des Waldhauses	
4	5	69/70	Vater-Sohn-Beziehung	Vorverlagerung
5	I	11/12	Beziehung Hans–Martha	
6	1	16	Fahrt mit der S-Bahn	Stimme aus dem Off
7	1	16/17–30	Entdeckung der Folter	Rückblende
8	2	32	Stichwort „Neuengamme"	Dialog Vater–Sohn
9	4	58 ff.	Besuch bei Elle in der Psychiatrie	Visualisierung von Elles Aggressivität
10	5	71–81	Verhör durch den Vater	Arno weiß, daß sein Sohn lügt
11	9	125	Elles Brief	
12	I	14	S-Bahn-Fahrt	Stimme aus dem Off
13	6	96–106	Hans sucht das Folter-Opfer auf	
14	7	107–112	Marthas Film-Projekt	
15	10	133–139	Besuch bei Kwart	

Filmse-quen-zen	Ro-man-kapitel	Seiten-angaben	Inhalt	Kommentar
16	III IV III	50–54 87–90 56	Post von der Universität; „Opfer des Faschismus" Brandt-Rücktritt	Kombination unterschiedlicher Textabschnitte
17	V	114	Zimmersuche	
18	VII	156–163	Besuch in der Psychiatrie	
19	13	167–170	Auseinander-setzung Hans–Martha	knappe Zusam-menfassung
20	14	184–186 183–184 188–189	Heppners Fluchtversuch	Flucht des Opfers und Aggressivität der Folterer wer-den visualisiert
21	16/17	196–197 213–217	Besuch im Filmatelier Liebesszene im Boot	
22	19	234–239	Besuch bei Elle	Schwester-Intrige bleibt ausgeklam-mert
23	20 3	240–245 48	Verwahrlosung der Wohnung; Assimilations-These	nachgereichte, einschichtige Mo-tivation des Va-ters
24	21	246–253	Besuch bei Martha	Streit ausgeklam-mert
25	22	268–270	Arno ist betrun-ken; der Aufseher hat gestanden	
26	23	272–273 275–280	Hans zieht betrun-ken durch die Stadt; wacht in Marthas Bett auf	Weltfestspiele, deshalb keine Polizeikontrollen
27	25	293 295–300	Suche nach Bol-zenschneider; Ent-deckung des Vaters	Auffeilen der Handschellen als Schlußbild

„Eine bebilderte Podiumsdiskussion"

Gravierender aber als alle Reduktionen des komplexen Romangehalts erscheinen die Mittel, mit denen der Regisseur versucht, die Themen visuell umzusetzen: geradezu einfallslos werden redende Menschen abgefilmt. Es entsteht der Eindruck einer „bebilderte(n) Podiumsdiskussion" (die taz, 25. 6. 1992), in der ein dialogisierter Schlagabtausch zwischen den Kontrahenten ins Bild gesetzt wird. Der fast vollständige Verzicht auf die aktuelle Zeitebene des Romans hat seinen Preis. Wenn die inneren Monologe, Unsicherheiten, Gedankensprünge des Erzählers fehlen, bleibt wenig mehr übrig als das Handlungsgerüst, eine biedere Reihung von Ereignissen und Statements. Die Figuren im Film lassen weder erkennen, warum sie handeln, noch in welcher Gefühlslage sie sich befinden: sie reden, anstatt zu leben.

So wirken die Dialoge, die eng an die Textvorlage angelehnt sind, auf der Leinwand fehlplaziert. Der ironisch-distanzierte Stil Jurek Beckers verwandelt sich in dem neuen Medium in ein Frage-und-Antwort-Spiel, als „papierene Verfilmung" (Frankfurter Rundschau, 25. 6. 1992) erweist sich die Werktreue der Romanadaption. In einer besonders ungnädigen Rezension der Hamburger ZEIT wird der Filmschluß als „ästhetischer Triefpunkt" abgekanzelt:

> „Scharf stellt der junge Eisenhans seinen Vater zur Rede; führt harte Debatten und zerknirschte Monologe, bis er am Ende, auf dem ästhetischen Triefpunkt des Films, unter Tränen neben seinem toten Vater die Ketten des KZ-Aufsehers zersägt. Eine plumpe Parabel, die jeden Augenblick und jeden Menschen zum Beweisstück degradiert und in der die Schnitte den moralischen Mehrwert jeder Szene mit der Peitsche herausschlagen." (Die ZEIT, 26. 6. 1992)

Der Film im Fernsehen

Die kritische Einschätzung, die der Film bei seiner Premiere 1992 von der überwiegenden Mehrheit der Kritiker erfährt, wandelt sich jedoch, als ein Jahr später das ZDF seine Abspielrechte wahrnimmt. Bereits bei der Kinofassung wurde darauf verwiesen, daß Ästhetik wie Problemaufbereitung eigentlich eine Frage fürs deutsche Fernsehen seien: „er hat die story mit den Mitteln der Fernsehästhetik abgefilmt" schreibt die taz (25. 6. 1992); „ein adrettes Fernsehspiel firmiert als Literaturverfilmung" die FAZ (29. 6. 1992); „ein treffliches Fernsehspiel fürs Zweite Programm, übersichtlich, aufgeklärt, problemorientiert und kunstlos" die ZEIT (26. 6. 1992). So süffisant diese Kommentare auf den ersten Blick klingen, sind sie nicht unbedingt gemeint: als die Fernsehfassung angekündigt wird, klingen die Vorberichte für diesen Abend wesentlich freundlicher. So schreibt der Rezensent der Frankfurter Rundschau 1993:

> „Jurek Becker nannte ‚Bronsteins Kinder' ein ‚Buch der Ratlosigkeit' und in der Tat verblüfft die Mehrdimensionalität der Geschichte, die auf den Versuch einfacher Antworten und Parteinahme verzichtet. Kawalerowicz gelingt es nun im Film, diese Balance und auch die Differenzierungen der Figuren zu erhalten. Beachtlich auch die Darstellerleistungen (...)" (8. 5. 1993)

Offensichtlich werden an Literaturverfilmungen in den öffentlichen Programmen tatsächlich andere künstlerische Kriterien angelegt als an Inszenierungen auf der Kinoleinwand.

Literaturliste

Améry, Jean: Jenseits von Schuld und Sühne. Bewältigungsversuche eines Überwältigten, München 1966

Arnold, Heinz Ludwig: Gespräch mit Jurek Becker, in: Text und Kritik Sonderband 116, München 1992, S. 4–14

Assheuer / Sarkowicz: Rechtsradikale in Deutschland. Die alte und die neue Rechte, München 1992

Baumann, Christiane: Spuren aus der Vergangenheit, in: Liberal-Demokratische Zeitung / Halle, 15. 10. 1988, S. 4

Becker, Jurek: Begleitheft zur Ausstellung der Stadt- und Universitätsbibliothek Frankfurt a. M., Juni 1989

Becker, Jurek: Brief an Hermann Kant, in: Text und Kritik Sonderband 116, München 1992, S. 51–59

Becker, Jurek: Warnung vor dem Schriftsteller. Drei Vorlesungen in Frankfurt, Frankfurt/M. 1990 (edition suhrkamp NF 601)

Bernhard, Hans Joachim: Die Eingangstür zur Phantasie des Lesers. Jurek Becker: „Bronsteins Kinder", Hinstorff Verlag Rostock, in: Neue Deutsche Literatur 1988 H. 5, S. 137–141

Broder, Henryk. B. u. Lang, Michel R. (Hg.): Fremd im eigenen Land. Juden in der Bundesrepublik, Frankfurt/M. 1987

Brumlik, Micha u. a. (Hg.): Jüdisches Leben in Deutschland seit 1945, Frankfurt/M. 1988 (athenäum taschenbücher Bd. 104), S. 172–176

Dorfman, Ariel: Der Tod und das Mädchen. Stück in drei Akten. Frankfurt/M. 1992 (Fischer TB11426)

Freese, Peter: Die Initiationsreise. Studien zum jugendlichen Helden im modernen amerikanischen Roman, Neumünster 1971 (Kieler Beiträge zur Anglistik und Amerikanistik Bd. 9)

Gilman, Sander: Jüdische Literatur und deutsche Literatur. Antisemitismus und die verborgene Sprache der Juden am Beispiel von Jurek Becker und Edgar Hilsenrath, in: Zeitschrift für deutsche Philologie 107/1988, S. 269–294

Götschel, Willi: Vergangenheitsbewältigung – von Seiten der Opfer, in: Aufbau / New York Nr. 47/48 v. 21. 11. 1986 (Beil. S. VII)

Graf, Karin / Konietzny, Ulrich (Hg.): Werkheft Literatur, Jurek Becker, München 1991

Hage, Volker / Becker, Jurek: Hinter dem Rücken des Vaters; Interview, West-Berlin am 14. 9. 1986, in: Deutsche Literatur 1986, Stuttgart 1987, S. 331–342

Hage, Volker: Schriftproben. Zur deutschen Literatur der achtziger Jahre, Reinbek 1990, S. 140–147

Hage, Volker: Wie ich ein Deutscher wurde. in: Alles erfunden. Porträts deutscher und amerikanischer Autoren, Reinbek 1988, S. 36–54

Hanck, Frauke: Folter zwischen Generationen, in: Die Welt, 24. 6. 1992

Hanenberg, Peter: „Und sich mühen, aufrichtig zu sein", DDR-Geschichten, in: Text und Kritik Sonderband 116, München 1992, S. 60–69

Heenen-Wolff, Susann (Hg.): Im Haus des Henkers. Gespräche in Deutschland, Frankfurt/M. 1992

Heidelberger-Leonard, Irene (Hg.): Jurek Becker, Materialien, Frankfurt/M. 1992 (suhrkamp taschenbuch 2116)

Heidelberger-Leonard, Irene: Schreiben im Schatten der Shoah, Überlegungen zu Jurek Beckers „Jakob der Lügner", „Der Boxer" und „Bronsteins Kinder", in: Text und Kritik Sonderband 116, München 1992, S. 19–38

ira: Hans im Unglück, in: Die ZEIT Nr. 27 v. 26. 6. 1992

Jacobs, Boike: Die nie benutzten Türen. Jurek Becker und „Bronsteins Kinder" – eine Geschichte unlösbarer Konflikte, in: Allgemeine Jüdische Wochenzeitung, Nr. 45 v. 7. 11. 1986, S. 7

Jentzsch, Bernd: Jurek Beckers Kinder entlassen die Revolution, in: Die Welt, 30. 9. 1986, Nr. 227, abgedruckt in: Jurek Becker, Begleitheft zur Ausstellung der Stadt- und Universitätsbibliothek Frankfurt a. M. 1989, S. 38 f.

Klatt, Gudrun: Vom Alp, der auf den Gehirnen der Lebenden lagert, in: DDR-Literatur '87, Berlin/Weimar 1988, S. 176–183

Krauss, Hannes: Jurek Becker. Ein jüdischer Autor?, in: Hermand, Jost/Mattenklott, Gerd (Hg.), Jüdische Intelligenz in Deutschland, Hamburg 1988 (Argument Sonderband 157) S. 139–146

Kubitz, Peter Paul: Der Rächer im Garten, in: Süddeutsche Zeitung Nr. 105 v. 8./9. 5. 1993

Linden, Thomas: Gezeichnet vom Leid der Eltern, in: Kölnische Rundschau Nr. 282 v. 4. 12. 1986

Lüdke-Haertel, Sigrid/Lüdke, Martin: Jurek Becker, in: Kritisches Lexikon zur deutschsprachigen Gegenwartsliteratur. 29. Nachlieferung, München 1988, S. 1–12

Matt, Beatrice von: Wachsende Finsternis, in: Neue Zürcher Zeitung, Fernausgabe Nr. 294 v. 19. 12. 1986, S. 47

Möller, Barbara: Am Haß gestorben, in: Rheinischer Merkur Nr. 27 v. 3. 7. 1992

Mohr, Peter: Jurek Becker. Bronsteins Kinder, in: L '80. Demokratie und Sozialismus 1987 H. 41, S. 172–174

Mosler, Peter (Hg.): Schreiben nach Auschwitz, Köln 1989

Müller, Heidy M.: Wertsetzung als Implikation der Erzählhaltung.

Bemerkungen zur Judendarstellung in Jurek Beckers Romanen, in: Philosophica (Gent) 38. Jg. 1986 H. 2, S. 61–76

Naschnitz, Fritz: Jurek Becker, der jüdische Geschichtenschreiber, in: ders., Literarische Essays. Bekenntnisse und Rezensionen, Gerlingen 1989

Peitz, Christiane: Bebilderte Podiumsdiskussion, in: die tageszeitung, 25. 6. 1992

Pelz, Gisela: Nachdenken über menschliches Alleinsein, in: Freie Presse / Karl-Marx-Stadt Nr. 140 v. 16. 6. 1989 (Beil.) S. II

Römer, Dieter: Befreien oder den Mund halten?, in: Frankfurter Allgemeine Zeitung, 9. 5. 1993

Rossade, Werner: Vergangenheitsbewältigung in der DDR, in: Deutschland-Archiv, 22. Jg. 1989 H. 5, S. 576–580

Sartre, Jean-Paul: Betrachtungen zur Judenfrage. Psychoanalyse des Antisemitismus, Zürich 1948

Schlosser, Dieter: Der irre „Mittelpunkt der Welt". Zu Jurek Beckers Roman „Bronsteins Kinder", in: Wirkendes Wort 3/88, S. 261–269

Schmidt, Sigurd: Erzählen als Dialogbereitschaft, in: Ostsee-Zeitung (Rostock) Nr. 102 v. 30. 4./1. 5. 1988 (Beil. „OZ Wochenend")

Schnelle, Frank: Viel zu sagen, nichts zu zeigen, in: Frankfurter Rundschau, 25. 6. 1992

Schülke, Claudia: Opfer–Täter, Täter–Opfer, in: Frankfurter Allgemeine Zeitung Nr. 148 v. 29. 6. 1992

Shoham, Chaim: Jurek Becker ringt mit seinem Judentum. „Der Boxer" und Assimilation nach Auschwitz, in: Schöne, Albrecht (Hg.) Kontroversen, alte und neue Akten des VII. Internationalen Germanisten-Kongresses Göttingen 1985, Bd. 5, Tübingen 1986, S. 225–236

Sichrovsky, Peter: Wir wissen nicht, was morgen wird, wir wissen wohl was gestern war. Junge Juden in Deutschland und Österreich, Köln 1985

Spengemann, Jobst: KZ-Häftlinge rächen sich an ehemaligem Aufseher, in: BILD / Frankfurt/M., 25. 6. 1992

K. W.: Die Lasten der Vergangenheit, in: Frankfurter Rundschau, 8. 5. 1993

Wende-Hohenberger, Waltraud: Die verschmähte „Gnade der späten Geburt"; Versuche literarischer Vergangenheitsbewältigung bei Jurek Becker, Gert Heidenreich und Peter Schneider, in: Das Argument 161/1987, S. 44–49

Wetzel, Heinz: Holocaust und Literatur. Die Perspektive Jurek Beckers, in: Colloquia Germanica Bd. 21/1988 H. 1, S. 70–76

Wittstock, Uwe: Der Jude Hans im Unglück. Jurek Beckers respektabler Roman „Bronsteins Kinder", in: Frankfurter Allgemeine Zeitung Nr. 226 v. 30. 9. 1986 (Beil.) „Literatur", S. IV; abgedruckt in: Deutsche Literatur 1986, Stuttgart 1987, S. 141–146

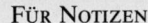

FÜR NOTIZEN

FÜR NOTIZEN

Leichter lernen, lieber lernen. Also Klett.

Lektürehilfen

Georg Büchner
»Dantons Tod«
ISBN 3-12-922332-0

Georg Büchner
»Woyzeck«
ISBN 3-12-922316-9

Friedrich Dürrenmatt
»Die Physiker«
ISBN 3-12-922345-2

Theodor Fontane
»Effi Briest«
ISBN 3-12-922344-4

Jurek Becker
»Bronsteins Kinder«
ISBN 3-12-922348-7

Theodor Fontane
»Frau Jenny Treibel«
ISBN 3-12-922326-6

Bert Brecht
»Der gute Mensch
von Sezuan«
ISBN 3-12-922304-5

Max Frisch
»Andorra«
ISBN 3-12-922329-0

Bert Brecht
»Der kaukasische
Kreidekreis«
ISBN 3-12-922323-1

Max Frisch
»Homo faber«
ISBN 3-12-922306-1

Bert Brecht
»Leben des Galilei«
ISBN 3-12-922311-8

J. W. von Goethe
»Faust - Erster und
Zweiter Teil«
ISBN 3-12-922315-0

J. W. von Goethe
»Die Leiden des jungen
Werther«
ISBN 3-12-922338-X

J. W. von Goethe
»Iphigenie auf Tauris«
ISBN 3-12-922314-2

Gerhart Hauptmann
»Die Ratten«
ISBN 3-12-922324-X

Heinrich Heine
»Buch der Lieder«
ISBN 3-12-922342-8

E. T. A. Hoffmann
»Der Sandmann«
ISBN 3-12-922318-5

Ödön von Horváth
»Der jüngste Tag«
ISBN 3-12-922346-0

Uwe Johnson
»Mutmaßungen über
Jakob«
ISBN 3-12-922312-6

Franz Kafka »Der Prozeß«
ISBN 3-12-922334-7